새로워진 교재
더 좋은 엄마!

한 아이가 태어났습니다.

엄마에게 아이는 경이롭고 신비한 우주이며, 아이에게 엄마는 최초로 경험하는 따뜻한 세상입니다.

아이가 옹알옹알 말을 시작하고, 걷고 뛰고, 울고 웃는 한순간도 엄마는 놓치지 않습니다.

아이가 말과 글을 익히고 수와 셈을 하는 순간에도 엄마는 눈을 뗄 수 없습니다.

엄마의 눈 속에서 자란 아이는 곧 친구들과 뛰어놀고 선생님과 공부하며 차츰 사물의 원리와 사회의 규칙을 알아 갑니다.

이제 엄마는 아이와 매 순간을 할 수 없지만, 엄마의 눈과 귀는 항상 아이를 향합니다.

비록 아이가 살아가야 할 세상이 녹록지 않고 힘들더라도 엄마는 아이를 믿습니다.

'넌 잘할 수 있어!', '항상 좋은 길로 인도하소서.'

격려와 기도를 아끼지 않으면서……

아무리 사교육이 성행하고 재능을 가진 선생님들이 이름을 떨치는 세상이라지만 아이의 꿈 하나하나를 소중히 담아 한껏 펼칠 수 있게 해 주는 분은 변함없이 엄마입니다.

기탄 교재는 이미 200만 명이 넘는 어린이가 사용하며 그 우수성을 입증해 보인 바 있습니다.

특히 〈기탄국어〉는 한글과 국어의 기초가 되는 어휘력, 독해력, 논술력을 키우는 데 좋은 교재라는 평가를 받으며 오랜 기간 동안 사랑받아 왔습니다.

그리고 국내 최초로 주별로 한 권씩 교재가 분리되는 4in1 체제를 도입한 〈새기탄국어〉는 변화하는 초등학교 교육 과정에 맞추어 '듣기·말하기, 읽기, 문법, 쓰기' 등 국어의 전 교과를 영역별로 균형 있게 학습하여 성취도를 극대화할 수 있는 교재로 자리매김해 왔습니다.

이러한 토대 위에서 이번에 새롭게 선보이는 〈기탄국어〉는 새 시대, 새 감각에 맞추어 내용을 보강하고 디자인을 고품격화하여 체계적인 프로그램으로 엄마 선생님과 어린이들을 찾아뵙게 되었습니다.

기탄은 대한민국의 모든 어린이가 공부의 기초를 탄탄히 다져서 당당하고 멋진 사회인으로 성장할 수 있도록 가장 좋은 교재로 가장 좋은 선생님, 엄마 선생님께 보답하겠습니다.

참 좋은 교재 기탄국어

한글은 최초로 배우는 모국어이자 학습의 시작입니다. 따라서 한글을 배우는 것은 물이 흘러가듯, 나무가 자라듯 자연스럽고 즐거워야 합니다.

〈기탄국어〉는 한글을 놀이처럼 쉽고 재미있고 즐겁게 시작할 수 있도록 도와주며, 국어 기초 실력을 탄탄하게 해 주는 개인별·능력별 학습 프로그램입니다.

총 10단계 50집으로 엮인 〈기탄국어〉는 한글과 국어의 기초를 학습하는 A~D단계 교재와 초등학교 과정에 해당하는 E~J단계 교재로 나누어져 있습니다.

기탄국어가 좋은 이유는…

개인의 학습 능력에 맞춘 학습으로 기초가 탄탄!
교과서 위주의 기본 개념을 묻는 학습 방법에서 탈피하여, 한글과 국어 학습의 기본 원리를 기본으로 하면서도 학습자의 능력에 맞추어 국어 사용 능력이 골고루 향상되도록 편성했습니다.

다양한 글감을 통해 어휘력, 독해력이 쑥쑥!
교과서에서 다루는 지문 이외의 다양한 글감을 수록하여 독해력을 향상시키고 어휘력을 증강시켜, 다양한 글에 대한 감각과 어떤 문제가 나오더라도 쉽게 풀 수 있는 자신감을 키워 줍니다.

균형 있는 학습으로 실력이 튼튼!
읽기 학습뿐만 아니라 다양한 방법으로 말하고, 국어의 기본 원리를 정확하게 알고 논리적으로 표현하는 쓰기 학습에 이르기까지 균형적인 국어 학습이 될 수 있도록 도와줍니다.

다양한 창의력 문제를 통해 창의력이 반짝!
문제의 상황에서 머무르는 것이 아니라 다른 상황이나 개인의 생활에 적용할 수 있는 창의력 문제를 수록하여 창의적이고 독특한 발상을 할 수 있도록 했습니다.

체계적 서술형 문제로 글쓰기, 논술이 술술!
단순한 주관식 문제에서 벗어나 줄거리 요약하기, 상상하여 이어 쓰기 등 논술의 기본이 되는 문장 표현력을 향상시켜 주며, 체계적 문제 해결 과정을 통한 논리적인 글쓰기가 가능하도록 구성했습니다.

매일매일 학습을 통해 자신감이 불끈!
매일 일정 분량의 학습을 유도하기 때문에 규칙적이고 체계적인 국어 지식을 쌓을 수 있어 자신감을 갖고 공부할 수 있습니다.

기탄국어 단계별 **학습 내용**

단계	대상	구분	주요 학습 내용	학습 목표
A단계	유아	1집	자·모음 모양 익히기	
		2집	자·모음 낱자 익히기	
		3집	낱글자(가~후) 익히기	
		4집	낱글자(그~헤) 익히기	
		5집	주제(그림)에 맞는 낱말 익히기	
B단계	유아	1집	받침(ㄱ~ㅁ)이 있는 낱말 익히기	**한글과정** • 한글의 자·모음 쓰기와 낱말 학습을 통해 낱말을 익히고 어휘력을 신장한다.
		2집	받침(ㅂ~ㅎ)이 있는 낱말 익히기	
		3집	이중 모음(ㅑ~ㅢ) 익히기	
		4집	된소리(ㄲ, ㄸ, ㅃ, ㅆ, ㅉ) 익히기	• 동화 읽기와 간단한 문장 쓰기 등을 통해 독해력의 기초를 완성한다.
		5집	주제에 따른 낱말 배우기	
C단계	유아, 초1	1집	대상의 알맞은 이름 배우기	• 초등학교 입학을 위한 준비를 완벽하게 할 수 있도록 구성한다.
		2집	서술어를 통한 반대되는 말 배우기	
		3집	소리, 모양을 흉내 내는 말 배우기	
		4집	문장의 구조 배우기	
		5집	쌍받침, 겹받침이 있는 낱말 익히기	
D단계	유아, 초1	1집	대상의 이름과 인사말 배우기	
		2집	서술어, 문장의 순서 익히기	
		3집	위치, 단위를 나타내는 말 익히기	
		4집	꾸며 주는 말, 소리와 모양을 흉내 내는 말 익히기	
		5집	여러 문장 성분을 이용해 문장 만들기	
E단계	초1, 2	1집	다양한 글감을 통해 어휘력, 창의력을 키우는 과정	
		2집		
		3집		
		4집		
		5집		
F단계	초2, 3	1집	다양한 지문을 통해 이해력, 독해력을 향상시키고 기초 글쓰기를 훈련하는 과정	
		2집		
		3집		
		4집		
		5집		
G단계	초3, 4	1집	독해력과 상상력을 바탕으로 논리적 글쓰기의 기초를 다지는 과정	**국어과정** • 다양한 글감을 통해 어휘력, 독해력을 신장시킨다.
		2집		
		3집		• 듣기, 말하기, 읽기, 쓰기, 문법 등 다양한 영역을 통해 균형적인 학습을 한다.
		4집		
		5집		
H단계	초4, 5	1집	표현력 신장과 논리적인 언어 구사 훈련을 통해 논리적 사고력을 쌓는 과정	• 창의력, 서술형 문제 등으로 글쓰기, 논술 능력을 향상시킨다.
		2집		
		3집		
		4집		
		5집		
I단계	초5, 6	1집	다양한 한자 어휘를 효과적으로 문장에 적용하는 논술 실전 글쓰기 과정	
		2집		
		3집		
		4집		
		5집		
J단계	초6, 중1	1집	배경지식을 확장하고 고급 어휘를 구사하는 능력을 키워 중학 국어에 대비할 수 있는 과정	
		2집		
		3집		
		4집		
		5집		

엄마 선생님, 이렇게 지도해 주세요!

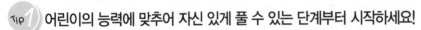

TIP 1 어린이의 능력에 맞추어 자신 있게 풀 수 있는 단계부터 시작하세요!

〈기탄국어〉는 한글 학습과 초등 국어 교과서를 총망라하여 어린이 개인의 능력에 따라 선택하여 목표에 도달할 수 있도록 편성된 교재입니다. 어린이의 능력을 고려하지 않고 어려운 단계부터 시작한다면 학습에 흥미를 잃어버릴 수 있으니 자신 있게 풀 수 있는 쉬운 단계부터 시작하여 조금씩 단계를 높여 진행해 주세요.

TIP 2 매일 정해진 분량만큼 자녀가 학습할 수 있도록 유도하세요!

〈기탄국어〉는 매일 일정한 시간에 규칙적으로 풀면 학습 효과를 극대화할 수 있습니다. 매일 정해진 학습량에 따라 어린이가 스스로 학습할 수 있도록 진행시켜 주세요. 학습 계획을 세우지 않고 두꺼운 교재를 그냥 풀게 하면 어린이들의 학습 의욕이 저하될 수 있으므로 정해진 분량을 공부하게 한 후 성취감을 맛볼 수 있도록 유도해 주세요.

TIP 3 공부하는 어린이 곁에서 응원해 주세요!

좋아하는 사람과 맛있는 음식을 먹듯 공부를 맛있게 하면 좋겠지만, 아무리 훌륭한 교재라도 공부를 즐기며 한다는 것은 쉽지 않은 일이지요. 어린이가 학습하고 있는 곳에서 멀지 않은 곳에 엄마가 함께한다는 것은 어린이에게는 큰 힘이 될 수 있습니다.

TIP 4 어린이의 답안을 주의 깊게 살펴보며 칭찬해 주세요!

어린이가 교재를 다 풀면 채점을 하면서 반복적으로 틀린 문제를 살펴보고, 다음에 유사한 문제를 풀 때에 같은 실수를 반복하지 않도록 지도해 주세요. 채점은 색연필로 정성 들여 해 주시고 결과에 상관없이 열심히 공부한 어린이의 마음을 헤아려 칭찬과 격려로 자신감을 심어 주세요.

국어 과목의 특성

- 국어 과목은 기초 실력과 배경지식의 의존도가 높아서 단기간에 성적이 오르는 것을 기대하는 것은 무리입니다.
- 학습의 범위가 넓어 다른 과목의 성적에도 큰 영향을 미칩니다.
- 종합적인 언어 능력과 국어 성적은 별개일 수 있습니다. 그러나 초등학교의 시험이 다양한 유형으로 전환되면서 언어 능력이 성적과 연결될 확률이 높아지고 있습니다.
- 일반적으로 국어는 쉬운 과목이라는 오해를 하시는 학부모님들이 많습니다. 그러나 학년이 올라갈수록 학습에 부족한 부분이 누적되어 나타나기 쉬운 과목이 국어입니다.
- 국어 학습은 사고력 향상, 정서·인격 함양 등의 무형적인 성장까지 도와줍니다.

양식별 특징과 지도 포인트

교재 매 단원 첫머리의 지문 위에 생활문, 동시 등으로 글의 양식(종류)을 명시해 놓았습니다. 자녀들 지도 시 양식에 대한 문제가 나왔을 때 당혹해하시는 학부모님 들을 위한 표시입니다. 실상 글의 양식에 대한 판단은 그리 쉬운 문제가 아닙니다. 이에 본란에서는 양식에 대한 설명을 자세하게 수록하여, 자녀들 지도에 참고하시 도록 하였으니, 학습에 들어가기 전에 꼭 한 번 이상은 읽어 주시기 바랍니다.

동요

어린이의 마음을 나타낸 어린이들의 노래를 동요라고 하며, 동시에 곡을 붙여 부르기도 합니다.

→ 자연스럽게 노래를 익혀서 가급적 가사를 모두 기억할 수 있도록 지도합니다.

동시

어린이를 위한 시로, 평소 생활하면서 느낀 마음의 움직임을 리듬이 있는 언어로 짧게 표현한 글입니다.

→ 동시의 글감을 찾을 수 있도록 학습하며, 재미있는 말이나 효과적인 표현 찾아보기, 알맞게 끊어 읽기, 리듬을 살려 읽기, 동시의 느낌 말하기 등의 학습이 이루어지도록 합니다. 동시에 나오는 흉내 내는 말 등을 바꿔 새로운 동시를 만들어 보게 하는 것도 창의력과 리듬감을 키우는 좋은 학습 방법입니다.

동화

어린이를 대상으로 만들어진 재미있고 유익한 이야기로, 꿈과 희망, 상상력을 키워 주면서 교훈적인 내용 을 담고 있는 글입니다.

→ 사건의 배경과 인물의 성격 등을 파악하고, 줄거리를 간추려 이야기하는 훈련을 통하여 논리적인 말하 기 학습이 이루어지도록 지도합니다. 동화의 뒷부분이나 중간 부분을 새롭게 다시 꾸며 보는 연습을 통 해서 창의력을 키울 수 있도록 지도합니다.

생활문

일상생활에서 보고, 듣고, 경험하고, 느낀 것을 글로 나타낸 것입니다.

→ 누가, 언제, 어디서, 무슨 일을 하였는지를 알게 합니다. 또한 생활문은 모든 글의 기본이 되는 양식인 만큼 낱말이나 문장 구조를 알게 하는 것도 매우 중요한 학습 지도의 요소입니다.

편지

멀리 있는 사람에게나, 또는 말로 전하기 힘든 자신의 생각을 글로 써서 보내는 글입니다.

→ 편지의 형식을 생각하며 글을 읽고, 그 내용을 이해하는 데 중점을 두어 지도합니다.

일기

하루 동안에 있었던 일이나, 보고, 듣고, 생각하고, 느낀 것을 거짓 없이 기록해 놓은 글입니다. 일기를 쓸 때는 하나의 글감과 느낌이 들어간 글이 되도록 지도합니다.

→ '오늘은'이나 '나는'이라는 말은 꼭 필요한 부분에만 사용하고, 사소한 것이라도 생활 주변에서 소재를 찾아 느낌과 대화 글을 넣어 표현하도록 지도합니다.

설명문

어떤 문제나 사물을 상대방이 알기 쉽도록 풀어 쓴 글입니다.

→ 설명문의 내용을 읽고 내용 간추려 말하기, 낱말의 뜻 알기와 문단을 구분할 수 있도록 지도합니다. 또한 주위의 사물을 이용하여 직접 설명해 보고 설명한 것을 다시 글로 옮겨 봄으로써 논리적인 글쓰기가 이루어지도록 지도합니다.

논설문

어떤 일이나 문제에 대하여 자기의 의견이나 생각 등을 정확한 사실에 근거를 두고 논리적으로 주장하는 글입니다.

→ 문단의 중심 내용과 이를 뒷받침하는 내용을 찾아보도록 하고, 글 속에서 사실, 의견, 상상, 느낌 등의 표현을 구분할 수 있도록 지도합니다.

기행문

여행을 하면서 보고, 듣고, 겪은 일에 자기의 생각이나 느낌을 섞어 적은 글입니다.

→ 누가, 언제, 어느 곳을 여행하고 쓴 글인지, 글쓴이가 보고, 듣고, 느낀 것이 무엇인지 알아보고, 글쓴이가 여행한 곳을 통해 무엇을 알게 되었는지 알아보며 글을 읽도록 지도합니다.

전기문

실제로 존재했던 어떤 인물(영웅, 성인, 학자, 정치가, 예술가 등)에 대하여 일화나 업적을 사실대로 기록하고 그 인물에 대한 평가를 덧붙인 글입니다.

→ 인물의 행동이나 성격에 대해 알아보고, 주인공의 주요 업적 및 배울 점을 생각해 보며 글을 읽도록 지도합니다.

극본

연극을 꾸미기 위해서 쓴 글로 해설, 지문(바탕글), 대사로 구성되어 있습니다.

→ 이야기의 배경이 되는 때, 곳, 등장인물에 대해 알고, 사건이 어떻게 전개되는지 살피면서 글을 읽도록 지도합니다.

H 단계 ❸집 ❶주차
161a-180b

학습 관리표

	1일	2일	3일	4일	5일	이번 주는?
금주평가	Ⓐ아주 잘함	Ⓐ아주 잘함	Ⓐ아주 잘함	Ⓐ아주 잘함	Ⓐ아주 잘함	·학습 방법 ❶매일매일 ❷가끔 ❸한꺼번에 하였습니다.
	Ⓑ잘함	Ⓑ잘함	Ⓑ잘함	Ⓑ잘함	Ⓑ잘함	·학습 태도 ❶스스로 잘 ❷시켜서 억지로 하였습니다.
	Ⓒ보통	Ⓒ보통	Ⓒ보통	Ⓒ보통	Ⓒ보통	·학습 흥미 ❶재미있게 ❷싫증 내며 하였습니다.
	Ⓓ부족함	Ⓓ부족함	Ⓓ부족함	Ⓓ부족함	Ⓓ부족함	·교재 내용 ❶적합하다고 ❷어렵다고 ❸쉽다고 하였습니다.

지도 교사가 부모님께	부모님이 지도 교사께

종합 평가 Ⓐ아주 잘함   Ⓑ잘함   Ⓒ보통   Ⓓ노력해야 함

원
교   반   이름

기탄교육

H단계 161a-180b

	교재번호	내용	분류
1일	161a~165a	• 우물가엔 • 속리산 등반 Ⅰ	전래 동요 생활문
2일	165b~169a	• 속리산 등반 Ⅱ • 맞춤법 • 『뻐끔뻐끔 물속 친구들』을 읽고 Ⅰ	생활문 맞춤법 독서 감상문
3일	169b~173a	• 『뻐끔뻐끔 물속 친구들』을 읽고 Ⅱ • 우리나라의 무술 Ⅰ	독서 감상문 설명문
4일	173b~177a	• 우리나라의 무술 Ⅱ	설명문
5일	177b~180b	• 우리나라의 무술 Ⅲ • 뒷받침 문장 • 주장하는 글 쓰기	설명문 논술 한마당 논술 연습

◎ 다음 전래 동요를 읽고 물음에 답해 보세요.

전래 동요

우물가엔

우물가엔 나무 형제
하늘에는 별이 형제
우리 집엔 나와 언니

나무 형젠 열매 맺고
별 형제는 빛을 내니
㉠우리 형젠 무얼 할꼬?

짜임: 2연 6행
중심 글감: 우리 형제
중심 생각: 우리 형제는 무얼 할까?

1 이 전래 동요의 중심 글감은 무엇인가요?

_____

2 다음 빈 곳을 알맞게 채워 보세요.

어디에서	누가	무엇을 할까?
우물가	나무 형제	(1)
하늘	(2)	빛을 낸다.
우리 집	(3)	(4)

3 ㉠의 물음에 대한 답을 상상해서 써 보세요.

_____

_____

_____

4 다음 문장의 빈칸에 알맞은 원인을 찾아 쓰세요.

• 별은 우리에게 기쁨을 줍니다. 왜냐하면 별은 (   )을 내어 밤하늘
  을 예쁘게 만들어 주기 때문입니다.

5 이 전래 동요를 잘못 설명한 것은 무엇인가요?

① 별 형제는 빛을 낸다.

② 나무 형제는 자라서 빛을 낸다.

③ 정감 있는 모습이 나타나 있다.

④ 한 행은 4 · 4자씩 모두 8자로 맞추었다.

⑤ 중심 생각은 '우리 형제는 무얼 할까?'이다.

6 다음 중 줄여 쓴 표현이 바르지 않은 것은 무엇인가요?

① 할까 → 할꼬   ② 집에는 → 집엔   ③ 무엇을 → 무얼

④ 형제는 → 형젠   ⑤ 우물가에는 → 우물가엔

7 이 전래 동요에서 말을 줄여 표현한 까닭은 무엇일까요?

_____

8 이 전래 동요를 운율을 생각하며 읽어 보세요.

심화 학습

9 이 동요의 공간적 배경은 시골집입니다. 시골을 생각하면 떠오르는 글감을 모두 써 보세요.

_____

● 다음 글을 읽고 물음에 답해 보세요.

생활문

속리산 등반 ①

작년 여름의 일이다.

우리 가족은 속리산으로 등
산을 갔다. 햇볕은 사정없이 내
리쬐어 등에도 발에도 이마에도
구슬같이 커다란 땀방울이 흘렀다.

"괜히 왔나 봐, 집에서 수박이나 먹는 건데……."
하고 동생이 투덜거렸다.

"누나, 나 물 좀 줘."

"너도 물통 있잖아. 가득 채워 왔으면서 왜 나한테 달래?"

"나 물 다 먹었단 말야. 얼른 물 좀 줘."

동생은 산에 오르기 시작하자마자 목이 마르다며 자기 물통에 있는
물을 계속 마셔 댔다. 그러다가 그만 물통의 물이 다 떨어져 버린 것이
다. 난 동생이 얄미웠지만 땀을 뻘뻘 흘리는 동생이 안쓰러워서 내 물
을 나눠 주었다.

▌다음 빈칸에 알맞은 낱말을 이 글에서 찾아 써넣으세요.

• 동생은 (   )에 오르기 시작하자마자 (   )이 마르다며 자기
  물통에 있는 (   )을 계속 마셔 댔다. 그러다가 그만 (   )의
  물이 다 떨어져 버린 것이다.

2 이 글의 글감은 무엇인가요?
　① 물을 구하러 다닌 일　　　　　② 텔레비전에 출연한 일
　③ 가족과 속리산에 오른 일　　　④ 산에서 뱀에 물려 고생한 일
　⑤ 바닷가에서 모래성을 쌓은 일

3 이 글의 처음과 같은 방법으로 시작한 글은 어느 것인가요?
　① 정의란 무엇인가?
　② 어제 오후의 일이다.
　③ "할아버지, 이리 좀 와 보세요."
　④ 우산을 깜빡 잊고 차에 두고 왔다.
　⑤ '마른하늘에 날벼락'이라는 속담이 있다.

4 이 글을 보고 다음 물음에 알맞은 답을 써 보세요.
　(1) 언제: _____
　(2) 어디로: _____
　(3) 무엇을: _____

5 동생은 왜 글쓴이에게 물을 달라고 했는지 써 보세요.

_____

_____

◯ 다음 글을 읽고 물음에 답해 보세요.

속리산 등반 ❷

중간쯤에서 잠시 ㉠쉬웠다 가는 동안 우리 가족은 오이를 먹었다.

"엄마, 난 오이 싫어."

동생이 오이를 안 먹겠다고 자꾸 고집을 부렸다. 어머니께서 동생을 보며 말씀하셨다.

"지우야, 아까 목이 마르다고 했지? 오이를 먹으면 산에 오를 때 도움이 될 거야. 오이에는 수분이 많이 들어 있거든."

마침 우리 옆에서도 한 가족이 오이를 꺼내 먹고 있었다.

지우는 한껏 눈치를 보다 오이를 한입 베어 물었다.

"어? 시원하고 맛있어요."

지우는 아까의 고집이 부끄러웠는지 멋쩍게 웃어 보였다. 엄마는 그런 지우가 귀여워 밝게 웃으셨다. 우리를 지켜보시던 아버지께서 말씀하셨다.

"얘들아, 산에 오를 때는 물을 계획적으로 나눠 마셔야 하는 거야. 처음부터 물을 모두 마셔 버리면 나중에 지쳐서 더 갈 수가 없게 되거든. 산 아래에는 약수터도 있어서 괜찮지만 산봉우리에 가까이 갈수록 물을 구하기 어렵기 때문이란다. 알겠지?"

"네, 아빠. 꼭 명심할게요."

지우도 아빠 말씀을 듣고 자기 실수를 알았는지 그때부터는 물을 아껴 마시기 시작했다. 어린 동생이 그래도 참 기특했다.

1 ㉠을 문장의 의미와 맞게 바른 낱말로 고쳐 쓰세요.

_____ → _____

2 산에서 오이를 먹는 까닭은 무엇인가요?
   ① 가벼워서   ② 값이 싸서   ③ 수분이 많아서
   ④ 몸에 땀이 덜 나서   ⑤ 남들도 다 먹으니까

3 동생이 물을 아껴 마시는 모습을 본 글쓴이의 느낌은 어떠했나요?
   ① 얄미웠다.   ② 기특했다.   ③ 미안했다.
   ④ 고소했다.   ⑤ 안쓰러웠다.

4 어떤 일을 계획에 따라 잘 처리한 경험이 있으면 떠올려 써 보세요.

_____

_____

5 아빠께서는 왜 물을 아껴 마셔야 한다고 말씀하셨나요?
   ① 산에서 물을 사려면 비싸기 때문에
   ② 도시락을 먹을 때 물을 함께 마셔야 하기 때문에
   ③ 약수터가 나올 때까지 한참을 올라가야 하기 때문에
   ④ 산봉우리에 가까이 갈수록 물을 구하기 어렵기 때문에
   ⑤ 산에서 물을 많이 마시면 화장실을 자주 가야 하기 때문에

◐ 다음 글을 읽고 물음에 답해 보세요.

속리산 등반 ③

땀을 조금 식힌 후에 우리 가족은 다시 산을 오르기 시작했다.

한 시간 동안 계속 정상을 향해서 아무 말 없이 올라갔다. 너무 힘이 들어서 숨이 탁탁 막혔다. 하지만 내 또래의 아이들이 씩씩하게 올라가는 모습을 보면서 나도 뒤처지지 않으려고 열심히 올라갔다.

그러다가 어느 사이엔가 정상에 도착했다. 공기가 참 맑았다. 그리고 산새들 울음소리도 도시보다 더 즐겁게 들렸다. 아마 산에는 공장에서 나오는 나쁜 연기도 없고 나무 친구들이 많아서 ⊙새들도 신나게 지내기 때문인 것 같았다.

그때 동생이 참 재밌는 말을 했다.

"에이, 이게 뭐야. 난 꼭대기에 올라오면 구름도 잡을 수 있고 하늘도 가깝게 보일 줄 알았는데 똑같잖아."

아빠, 엄마, 그리고 나는 동생의 말을 듣고 ⓒ한바탕 큰 소리로 웃었다.

동생의 생각이 너무 재미있었기 때문이다.

"그래, 아빠도 어렸을 때는 지우처럼 그런 생각을 했었단다. 그런데 그게 다 틀린 것은 아니란다. 우리 집이 있는 아래보다 여기가 하늘과 훨씬 가까운 것은 사실이거든. 다만 우리가 잘 느끼지 못하는 것뿐이지."

🔍 **정상**: 산 따위의 맨 꼭대기.

1 '산꼭대기'라는 의미로 쓰인 낱말을 찾아 쓰세요.

_____

2 산에 올랐을 때의 느낌을 모두 고르세요.
① 공기가 참 맑았다.
② 신선이 된 것 같았다.
③ 구름이 손에 잡힐 것 같았다.
④ 나무가 우리를 반기는 것 같았다.
⑤ 새들도 더 즐겁게 우는 것 같았다.

3 동생 지우는 산에 올라올 때 어떤 기대를 갖고 올라왔는지 모두 고르세요.
① 우리 집이 잘 보일 것이다.　　　② 하늘이 가깝게 보일 것이다.
③ 선녀를 만날 수 있을 것이다.　　④ 구름을 잡을 수 있을 것이다.
⑤ 다람쥐를 잡을 수 있을 것이다.

4 글쓴이와 가족들이 지우의 말을 듣고 웃은 까닭은 무엇인가요?

_____

5 글쓴이가 ㉠처럼 생각한 이유는 무엇인지 모두 고르세요.
① 산 정상에 있어서　　　　　　② 나무 친구들이 많아서
③ 울음소리가 더 잘 들려서　　　④ 신선한 물을 마실 수 있어서
⑤ 공장에서 나오는 나쁜 연기가 없어서

6 ㉡'한바탕'을 넣어서 짧은 글을 지어 보세요.

_____

● 다음 글을 읽고 물음에 답해 보세요.

속리산 등반 ④

나는 아빠의 말씀을 잘 이해하기 힘들었다. 내가 보아도 우리 집에서 본 하늘과 산꼭대기에서 본 하늘은 별로 차이가 없어 보였기 때문이다.

가만히 앉아서 맑은 공기와 조용한 바람 소리를 듣고 있으니까 ㉠마음이 편해지는 것 같았다. 사람들이 ㉡이런 기분 때문에 산에 오르는 게 아닐까 하는 생각이 들었다. 텔레비전에서 ㉢아주 높은 산을 오르는 아저씨들을 볼 때면 ㉣'왜 저렇게 힘든 일을 하는 걸까?' 하고 의아해했었는데 이제 그 아저씨들의 마음을 나도 조금은 알 수 있을 것 같았다.

내려오는 길은 올라갈 때보다 덜 힘들었다. 그런데 다리가 자꾸 후들거려서 몇 번이나 미끄러질 뻔했다.

무더운 여름에 땀을 뻘뻘 흘렸지만 ㉤가족들과 함께 산에 올라오길 정말 잘했다는 생각이 들었다. ㉥겨울 방학에도 아빠를 졸라 산에 다녀오리라 마음먹었다.

🔍 **의아해하다** : 의심스럽고 놀라워하다.

1 글쓴이의 생각이나 느낌을 드러낸 문장이 <u>아닌</u> 것은 무엇인가요?

① ㉠   ② ㉢   ③ ㉣   ④ ㉤   ⑤ ㉥

2 ㉡의 '이런 기분'이 가리키는 것을 찾아 써 보세요.

_____

3 다음 중 자연스럽지 <u>않은</u> 문장은 무엇인가요?

① 오늘은 할 일이 별로 없었다.

② 추워서 몸이 후들후들 떨렸다.

③ 이제 어머니의 마음을 조금은 모르겠다.

④ 거북은 땀을 뻘뻘 흘리며 기어올라 갔습니다.

⑤ 갑자기 시간표가 바뀌자 모두들 의아해했습니다.

4 글쓴이의 앞으로의 계획을 알 수 있는 문장을 찾아 쓰세요.

_____

심화 학습

5 여러분이 산에 올라갔던 경험을 써 보세요.

_____

_____

_____

_____

_____

◆ 맞춤법

◎ 다음 문장에서 맞춤법이 틀린 낱말을 찾아 바르게 고쳐 써 보세요.

1 짱구는 내 동생보다 더 개구장이이다.

2 용궁에 도착한 토끼는 너무 좋아서 깡총깡총 뛰었다.

3 여러분은 화살표가 가르치는 방향으로만 따라가면 됩니다.

4 내 동생은 웃니가 두 개밖에 없다.

5 설날에는 윗어른들께 세배를 드립니다.

6 나는 학교에서 새로 산 책가방을 잊어버렸다.

7 어제 윗돈을 주고 산 물건은 불량품으로 밝혀졌다.

_____

8 엄마께서는 명절이 다가오자 떡을 마추러 가셨다.

_____

9 나는 학교에 일기장을 가져가는 것을 깜빡 잃어버렸다.

_____

10 오뉴월 햇볕은 하루만 더 쬐도 낳다는 속담이 있다.

_____

11 귤을 까먹고 나니 껍데기만 잔뜩 남았다.

_____

12 바나나 껍데기는 부드럽고 향도 좋다.

_____

○ 다음 글을 읽고 물음에 답해 보세요.

독서 감상문

『뻐끔뻐끔 물속 친구들』을 읽고 ❶

선생님께서 칠판 옆에 공책만 한 크기의 종이를 한 장 붙이셨다. 쉬는 시간에 나가서 읽어 보니 '이달에 읽어야 할 책'이라는 말과 함께 책 제목이 몇 개 쓰여 있었다.

그리고 오후에 수업이 끝나자 선생님께서 ㉠앞에 적어 놓은 책들 가운데 한 권을 읽고 독서 감상문을 ㉡써 내라고 하셨다. 그러면 선생님께서 잘 쓴 아이에게 선물을 주시겠다는 것이었다.

나는 선물이라는 말에 귀가 솔깃했다.

'선물이라면 내가 놓칠 수 없지.'

나는 수업이 끝나자 얼른 책 제목을 훑어보았다. 그리고 몇 개 마음에 드는 제목을 골라 도서관에 갔다. 이 책 저 책 고르다가 『뻐끔뻐끔 물속 친구들』이라는 책을 빌려 왔다. 그런데 집에 와 보니 놀랍게도 누나 책꽂이에 똑같은 책이 꽂혀 있는 것이었다.

다음 빈칸에 알맞은 낱말을 이 글에서 찾아 써넣으세요.

• 나는 (   )에서 『뻐끔뻐끔 물속 친구들』이라는 (   )을 빌려 왔다. 그런데 (   )에 와 보니 놀랍게도 누나 (   ) 에 똑같은 책이 꽂혀 있는 것이었다.

2 글 ❶은 무엇에 대한 글인가요?

　① 책의 내용　　　　　　　　② 책을 읽은 후 느낌

　③ 책을 읽게 된 동기　　　　④ 책을 설명하는 선생님

　⑤ 책이 우리에게 주는 교훈

3 책을 읽게 된 동기는 무엇인가요?

　① 부모님께 잘 보이려고

　② 아빠와 한 약속을 지키려고

　③ 친구에게 선물로 받았기 때문에

　④ 선생님께서 주시는 선물을 받기 위해

　⑤ 누나 책꽂이에 꽂혀 있는 것을 보아서

4 ㉠이 가리키는 내용이 무엇인지 써 보세요.

5 ㉡을 국어사전에서 찾으려면 어떤 낱말을 찾아야 할까요?

　① 써　　　　② 쓰다　　　③ 씌다　　　④ 씌우다　　　⑤ 쓰리다

6 글쓴이가 쓰려는 글은 무엇인가요?

　① 책을 사 본 경험을 적은 글

　② 읽을 만한 책을 소개하는 글

　③ 책을 읽어야 하는 까닭을 주장하는 글

　④ 책이 우리에게 주는 교훈을 설명한 글

　⑤ 책을 읽게 된 동기와, 줄거리, 느낌을 적은 글

◯ 다음 글을 읽고 물음에 답해 보세요.

『뻐끔뻐끔 물속 친구들』을 읽고 ❷

누나는 똑같은 책을 빌려 온 나를 보고 마구 놀렸다.

"바보야, 얼마나 책을 안 읽었으면 집에 있는 책을 또 빌려 오니? 책
장 좀 자주 들여다봐라."

나는 누나의 말에 오기가 생겨 빌려 온 책을 가지고 내 방으로 ⊙와
서 단숨에 읽어 버렸다.

그런데 너무 빨리 읽어서인지 내용이 잘 생각나지 않았다. 그때 누
나가 전에 그 책을 다 읽은 것이 생각났다. 그래서 ⓒ누나와 책에 대해
이야기를 했더니 훨씬 이해하기가 쉬웠다.

ⓒ이 책은 박윤규라는 선생님이 쓴 책인데 최기철 박사님의 도움을
받아서 쓴 책이기도 하다고 누나가 알려 주었다.

🔍 **오기**: 남에게 지기 싫어하는 마음.

1   누나가 글쓴이를 놀린 까닭은 무엇인가요?

2   ㉠의 기본형은 무엇인가요?
① 와라   ② 온다   ③ 오다   ④ 왔다   ⑤ 와다

3   글쓴이가 책을 쉽게 이해하지 못한 까닭은 무엇인가요?
① 책이 너무 어려워서   ② 책을 너무 빨리 읽어서
③ 책을 너무 오랫동안 봐서   ④ 책을 처음과 끝만 읽어서
⑤ 책을 읽은 지 오래되어서

4   누나로부터 알게 된 새로운 사실은 무엇에 관한 것인가요?
① 등장인물   ② 책의 내용   ③ 책의 가격
④ 책의 분량   ⑤ 책을 쓴 사람

5   ㉡처럼 누나와 책에 대해서 이야기를 한 이유를 모두 고르세요.
① 누나가 책 내용을 궁금해해서
② 누나가 전에 그 책을 읽은 것이 생각나서
③ 너무 빨리 읽어서 내용이 생각나지 않아서
④ 누나의 책이므로 반드시 이야기를 해야 한다고 생각해서
⑤ 책을 읽으면 언제나 누나와 이야기를 나누던 버릇 때문에

6   ㉢이 가리키는 것은 무엇인지 쓰세요.

○ 다음 글을 읽고 물음에 답해 보세요.

『뻐끔뻐끔 물속 친구들』을 읽고 ❸

이 책에는 여러 가지 재미있는 이야기들이 있다.

첫째, 열목어에 대한 이야기이다. 옛날에 열목어가 살고 있었는데 그곳에 광산이 생겨 열목어들이 떼죽음을 당했다고 한다. 아마도 광산에서 오염수가 쏟아져 나오면서 그런 듯하다.

이 내용을 읽으면서 사람들은 참 ㉠뒷일을 생각하지 않고 ㉡일을 한다는 생각이 들었다. 사람들이 무심코 한 일에 열목어가 떼죽음을 당하다니 정말 슬픈 일이었다.

광산이 생기면 물이 오염되어 열목어들이 죽는다는 생각을 하지도 않고 광산을 만들었기 때문이다. 선생님께서 생물을 죽이는 것은 자기 목숨을 죽이는 것과 같다고 말씀하신 적이 있다. 앞으로 나부터라도 자연을 보호하면서 생활해야겠다. 그렇게 한 사람씩 노력을 하면 앞으로는 물고기들이 떼죽음을 당하는 일은 없지 않을까?

1 열목어들이 떼죽음을 당한 까닭은 무엇인가요?

① 날씨가 갑자기 추워져서   ② 열목어들의 먹이가 없어서

③ 비가 오지 않아 저수지가 말라서   ④ 사람들이 열목어를 모두 잡아 가서

⑤ 열목어가 살던 곳에 광산이 생겨서

2 글을 읽고 ㉠과 ㉡이 가리키는 것을 써 보세요.

(1) ㉠은 어떤 일을 말하나요?

_____

(2) ㉡은 어떤 일을 말하나요?

_____

3 사람들이 광산을 만들 때 더 깊이 생각했어야 하는 것은 무엇이며 그렇게 해야 할 이유를 써 보세요.

_____

_____

4 이 글의 내용을 바탕으로 '물고기의 떼죽음을 방지하자'는 주제로 주장하는 글을 간략하게 써 보세요.

_____

_____

_____

_____

○ 다음 글을 읽고 물음에 답해 보세요.

『뻐끔뻐끔 물속 친구들』을 읽고 ④

둘째, ㉠이 내용은 좀 재미있는 것인데, '드렁허리'라는 물고기 이야기이다. 이 물고기는 암컷에서 수컷으로 변한다고 한다. 이 글을 읽고 나는 누나에게 물었다.

"그럼, 드렁허리는 남자만 있겠네?"

"그렇겠지."

"그럼 드렁허리는 어떻게 새끼를 낳아? 새끼를 못 낳으면 멸종하는 거잖아."

누나는 재미있다는 듯이 싱긋 웃으며

"궁금하지? 그럼 백과사전을 찾아봐."

하고 이야기하였다. ㉡아마 누나도 몰라서 가르쳐 주지 못했던 것 같다.

셋째, ㉢강주걱양태는 진짜로 고래처럼 분수를 뿜어낸다고 한다. 나는 이 물고기에게 별명을 하나 지어 주었다. 별명은 바로 '왕주걱'이다. ㉣왜냐하면 강주걱양태는 생김새가 좀 우스꽝스러운데, 크고 납작해서 주걱처럼 생긴 머리통이 자기 몸의 절반이나 차지하기 때문이다. 그리고 보통 물고기들은 아가미 구멍이 옆으로 뚫려 있는데 강주걱양태는 등 쪽으로 뚫려 있다.

🔍 드렁허리: 진흙이 많은 논이나 호수 등에 삶. 논두렁을 뚫고 들어가는 습성이 있어 농부들이 싫어하며, 산란기는 6~7월로, 흙을 파서 굴을 만들고 그 속에 알을 낳은 뒤에 수컷이 지킴.

1 ㉠의 '이 내용'이란 어떤 내용을 말하나요?

_____

_____

2 글쓴이가 궁금해한 것은 무엇인가요?

_____

_____

3 '드렁허리'는 어디에 새끼를 낳는지 백과사전에서 찾아 써 보세요.

_____

_____

4 ㉡은 어떤 의미의 문장인가요?
   ① 느낌을 적은 문장   ② 추측한 것을 적은 문장
   ③ 책에서 읽은 것을 쓴 문장   ④ 자신의 생각을 주장한 문장
   ⑤ 사실을 있는 그대로 쓴 문장

5 ㉢의 '강주걱양태'라는 물고기의 특징이 아닌 것은 무엇인가요?
   ① 머리통이 주걱처럼 생겼다.   ② 고래처럼 분수를 뿜어낸다.
   ③ 머리통이 몸의 절반을 차지한다.   ④ 상어처럼 날카로운 이를 갖고 있다.
   ⑤ 아가미 구멍이 등 쪽으로 뚫려 있다.

6 ㉣의 '왜냐하면' 다음에 나오는 문장은 무엇을 설명하기 위해 쓴 글인가요?

_____

_____

◯ 다음 글을 읽고 물음에 답해 보세요.

『뻐끔뻐끔 물속 친구들』을 읽고 ❺

넷째, 메기와 미유기, 꺽지와 꺼저기에 대한 내용인데 이 부분에서 알게 된 것이 하나 있다. 우리가 흔히 '싸우라비'라고 부르는 것은 '싸울아비'가 바른 표기라는 것이다.

책을 다 읽고 누나와 토론을 하고 나자 ㉠무척 흐뭇했다. 그동안 몰랐던 사실들을 새롭게 알게 된 것도 좋았고, 내가 굉장히 똑똑해진 것 같은 생각도 들어서이다.

『뻐끔뻐끔 물속 친구들』은 신비한 물속 친구들을 많이 만날 수 있는 무척 재미있는 책이었다. 우리 반 친구들은 나처럼 물고기뿐만 아니라 우리나라의 생물에 대해 잘 모르는 게 많다. 내일은 학교에 가서 친구들에게 오늘 본 책 이야기를 해 주어야겠다. 그리고 앞으로는 나도 생물에 관한 책을 많이 읽고, 독서 감상문도 쓰며 생각을 넓히고 지식도 쌓아야겠다.

1 다음 중 우리가 잘못 알고 있는 말은 무엇이라고 하였나요?
① 메기   ② 갈치   ③ 송사리
④ 싸우라비   ⑤ 미꾸라지

2 글쓴이가 ㉠처럼 흐뭇해한 이유는 무엇인가요?

3 글쓴이가 한 일이 <u>아닌</u> 것은 무엇인가요?

① 누나와 토론을 한 일

② 책을 많이 읽기로 다짐을 한 일

③ 『뻐끔뻐끔 물속 친구들』을 읽은 일

④ 친구들에게 책 내용을 설명해 준 일

⑤ 책을 읽고 독서 감상문을 쓰기로 다짐한 일

4 글쓴이가 책을 읽고 난 후 다짐한 것은 무엇인가요?

_____

_____

5 글쓴이가 『뻐끔뻐끔 물속 친구들』을 읽고 안 내용이 <u>아닌</u> 것은 무엇인가요?

① 고래의 크기   ② 드렁허리의 특징

③ 강주걱양태의 특징   ④ 열목어가 떼죽음을 당한 까닭

⑤ 싸우라비의 바른 표기

심화 학습

6 이 글을 읽고 책을 읽으면 좋은 점을 써 보세요.

_____

_____

_____

_____

...

◯ 다음 글을 읽고 물음에 답해 보세요.

우리나라의 무술 ❶

우리나라에는 태권도와 택견이라는 전통 무술이 있다. 태권도는 올림픽 정식 종목으로 채택되었을 만큼 국제적인 스포츠가 되었고, 택견은 아직 세계적으로 알려진 무술은 아니지만 우리 민족 고유의 무술로서 많은 사랑을 받고 있다.

태권도나 택견 같은 무술은 체력 단련만을 목적으로 하지 않는다. 체력 단련뿐만 아니라 정신 수련도 겸할 수 있도록 하는 것이 목적이다.

그러므로 무술은 수련하는 동안 건강 유지와 스트레스 해소, 인격 수련의 측면에서 많은 도움이 된다. ㉠태권도와 택견은 태권도의 어원이 택견이라는 측면에서 같은 유래를 갖고 있다는 설도 있지만 역사적으로 볼 때 서로 다른 무예라고 보는 것이 더 설득력이 있다.

🔍 **무술**: 무기 쓰기, 주먹질, 발길질, 말달리기 따위의 무도에 관한 기술.
스포츠: 운동 경기, 운동.
어원: 어떤 말이 생겨난 근원.

1 무엇에 대해 설명한 글인가요?

_____

2 태권도와 택견의 공통점과 차이점은 무엇인가요?

(1) 공통점: _____

(2) 차이점: _____

3 ㉠으로 알 수 있는 것은 무엇인가요?

① 택견의 유래를 알 수 있다.

② 태권도와 택견의 어원이 같다.

③ 태권도와 택견은 같은 무술이다.

④ 태권도의 유래가 된 것이 택견이다.

⑤ 택견의 유래가 된 것이 태권도이다.

4 이 글의 내용에 알맞지 않은 것은 무엇인가요?

① 택견은 우리 민족 전통 무술이다.

② 태권도는 세계적으로 널리 알려져 있다.

③ 택견은 올림픽 정식 종목으로 채택되었다.

④ 태권도는 올림픽 정식 종목으로 채택되었다.

⑤ 태권도와 택견 같은 무술은 체력 단련뿐만 아니라 정신 수련도 겸한다.

5 다음 빈칸에 알맞은 말을 이 글에서 찾아 써넣으세요.

• 태권도와 택견은 (   )뿐만 아니라 (   )도
겸할 수 있도록 하는 것이 목적이다.

◯ 다음 글을 읽고 물음에 답해 보세요.

우리나라의 무술 ②

우선 태권도는 맨손과 맨발을 이용하여 상대의 공격을 막아 내거나 상대에게 타격을 주는 한국 고유의 전통 무예이다. 그리고, 국제 공인 스포츠로서 전 세계에 보급되었다.

수련을 통해 ㉠심신 단련을 꾀하고 강인한 체력과 굳센 의지로 정확한 판단력과 자신감을 길러 강자에게 강(强)하고 약자에게 유(柔)하며, 예절 바른 태도로 자신의 덕(德)을 닦는 행동 철학을 갖고 있는 것이 태권도이다.

태권도는 고대 부족 국가의 제천 행사였던 영고·동맹·무천 때 체육 활동으로 행해졌던 제전 경기이다. 태권도의 오래된 기록 중의 하나는 고구려의 고분 가운데 하나인 무용총 내부에 그려진 벽화에서 찾아볼 수 있다.

◀ 무용총
내부 벽화

1 이 글에서 설명하고 있는 것은 무엇인가요?

① 택견   ② 태권도   ③ 스포츠

④ 제전 경기   ⑤ 부족 국가

2 이 글의 내용과 다른 것은 무엇인가요?

① 태권도는 국제 공인 스포츠이다.

② 태권도는 맨손과 맨발을 사용한다.

③ 태권도는 고대 부족 국가의 제천 행사 때 행해진 경기이다.

④ 태권도는 강자에게 약하며, 약자에게 강한 행동 철학을 가진다.

⑤ 고구려 고분인 무용총 안에서도 태권도와 관련된 기록을 찾을 수 있다.

3 다음 빈칸에 알맞은 말을 이 글에서 찾아 써넣으세요.

• 우선 태권도는 (   )과 (   )을 사용해서 상대의 공격을 막
  아 내거나 상대에게 (   )을 주는 한국 고유의 (   )
  이다. 그리고 국제 공인 (   )로서 전 세계에 보급되었다.

4 태권도의 오래된 기록 중 하나는 어디에서 찾아볼 수 있나요?

5 ㉠'심신'의 뜻을 국어사전에서 찾아 쓰고, 짧은 글을 지어 보세요.

(1) 심신:

(2) 짧은 글:

◯ 다음 글을 읽고 물음에 답해 보세요.

우리나라의 무술 ❸

　신라는 화랑도를 통해 학문을 닦는 한편 신체를 단련하고, 무술의 하나로서 수박을 행했다. 또한 고려 고종 때 이승휴가 지은 『제왕운기』에 신라 무술의 대목에서 탁견술을 써 놓은 것이 있는데, 태권도의 옛 이름인 '탁면'도 이 탁견에서 유래되었다.

　고려 시대에는 태권도를 '수박' 또는 '수박희'라고 부르기도 했다. 조선 시대에 들어와서는 이덕무 · 박제가가 저술한 『무예도보통지』에 권법이라는 이름으로 태권도 기술이 기록되었다.

　한편 일제 강점기에 일제는 정책적으로 우리나라의 고유 무술을 없애려고 택견을 탄압했는데, 택견이 '가라테'와 비슷한 점을 들어 '가라테'라고 부르게 했으며 가라테를 보급시켜 택견을 ㉠말살하려 했다. 그러나 의식 있는 사범들에 의해 ㉡전승되어 8.15 해방 이후 크게 보급 · 발전되기 시작해 1954년 고유 명칭인 태권도로 불리게 되었다. 1961년 대한태권도협회가 창립되었고, 1962년 무도로서의 태권도가 스포츠 경기 종목으로 인정받았다.

｜ 다음 빈칸에 알맞은 낱말을 이 글에서 찾아 써넣으세요.

　• 일제 강점기에 일제는 정책적으로 (　　　　　)을 탄압했는데, 택견이
　　(　　　　　)와 비슷한 점을 들어 (　　　　　)라고 부르게 했으며
　　가라테를 보급시켜 (　　　　)을 말살하려 했다.

2 각 시대별 전통 무술에 대한 설명으로 <u>틀린</u> 것은 무엇인가요?

① 신라: 무술의 하나로서 '수박'을 행했다.

② 일제 강점기: 일제가 택견을 탄압하였다.

③ 고구려: 태권도를 '수박', '수박희'라고 부르기도 했다.

④ 고려: 이승휴의 『제왕운기』에 신라 무술인 '탁견술'의 내용이 있다.

⑤ 조선: 『무예도보통지』에 권법이라는 이름으로 태권도 기술이 기록되었다.

3 태권도의 옛 이름인 '탁면'은 어디에서 유래되었나요?

_____

4 택견을 '가라테'라고 부르기도 했던 시대는 언제인가요?

① 신라   ② 고려   ③ 조선

④ 고구려   ⑤ 일제 강점기

5 일제 강점기에 일본이 가라테를 보급하여 택견을 말살시키려 한 까닭은 무엇일까요?

_____

6 ㉠과 ㉡의 뜻을 국어사전에서 찾아 그 뜻을 써 보세요.

(1) 말살: _____

(2) 전승: _____

7 태권도를 현재의 고유 명칭으로 부르게 된 때는 언제인가요?

_____

◯ 다음 글을 읽고 물음에 답해 보세요.

우리나라의 무술 ④

태권도의 기술 체계는 크게 품새, 격파, 겨루기 세 가지로 나누어진다.

품새는 공격과 방어 기술을 스스로 연습하고 익힐 수 있도록 일정한 틀로 짜여진 기술 체계이다. 품새는 단순하고 쉬운 것부터 시작하여 점차 복잡하고 어려운 것을 배우게 된다.

격파는 태권도 기술을 익힌 정도를 스스로 측정하기 위한 기술이다. 주로 판자나 벽돌, 기와 등을 격파함으로써 공격 기술의 정확성, 힘의 집중력, 의지력 등을 시험해 볼 수 있다. 격파를 할 때에는 주로 주먹, 손날, 발을 많이 사용하는데, 초급자는 격파를 익히지 않는다.

겨루기는 품새를 통해 익힌 공격, 방어의 기술을 이용하여 실제로 상대방과 대결하는 기술이다. 여기에는 두 사람이 일정한 틀에 ㉠맞추어 연습하는 겨루기와 기술의 제한 없이 연습하는 겨루기가 있다.

1 글 ④에서 주로 설명하고 있는 것은 무엇인가요?
① 태권도의 유래
② 태권도의 어원
③ 태권도의 기술 체계
④ 태권도의 경기 규칙
⑤ 태권도의 단점과 장점

2 ㉠을 국어사전에서 찾으려면 어떤 낱말을 찾아야 하나요?
① 맞추다
② 맞히다
③ 맡기다
④ 마치다
⑤ 맞추어

◯ 다음 글을 읽고 물음에 답해 보세요.

우리나라의 무술 ❺

태권도 경기는 체급별 경기를 원칙으로 하며, ㉠경기에 사용하는 모든 구령은 우리말로 한다. 이것은 태권도의 종주국이 우리나라이기 때문이다.

경기 시간은 2분 3회전, 휴식은 각 회 사이 1분으로 한다. 3회전까지 승패를 가리지 못한 경우에는 1분 휴식 후 연장회전을 실시하는데, 연장회전에서는 먼저 2점 이상을 얻거나 상대방이 두 개의 감점을 받으면 승리하게 된다.

연장회전에서 어느 선수도 2점 이상을 얻지 못하면 정해 놓은 기준에 따라 우세승을 결정하게 된다.

득점은 주먹 기술에 의한 몸통 부위의 공격, 발 기술에 의한 얼굴 및 몸통 부의의 공격을 했을 때 공격의 종류와 부위에 따라 1점부터 5점까지 올라간다. 또 상대방의 감점으로 득점을 올릴 수도 있다.

태권도에서 득점할 수 <u>없는</u> 경우는 무엇인가요?
① 상대편이 감점을 당했을 때
② 발 기술에 의한 얼굴 부위의 공격
③ 발 기술에 의한 몸통 부위의 공격
④ 주먹 기술에 의한 몸통 부위의 공격
⑤ 주먹 기술에 의한 얼굴 부위의 공격

심화 학습

2 외국에서 하는 태권도 경기에서도 ㉠과 같이 하는 까닭은 무엇일까요?

◯ 다음 글을 읽고 물음에 답해 보세요.

우리나라의 무술 ❻

태권도 경기에서는 금지 행위를 정하여 두고 금지 행위를 하였을 경우 1점의 감점이 주어지는데, 감점은 상대 선수의 1득점으로 계산된다. 만약 3회전 동안 감점 10회를 받으면 해당 선수는 반칙패를 당하게 된다.

태권도 경기에서 이렇게 금지 행위를 정한 까닭은 선수를 보호하고, 공정한 경기를 운영하며 바람직한 기술 발전을 유도하기 위해서이다. 금지 행위로 간주하는 내용은 다음과 같다.

한계선 밖으로 나가는 행위, 넘어지는 행위, 선수가 경기를 회피하거나 지연시키는 행위, 상대를 잡거나 미는 행위, 다리를 들어 막는 행위 또는 상대의 공격을 방해할 목적으로 상대의 다리를 차는 행위 또는 상대의 공격을 방해할 목적으로 3초 이상 다리를 들고 있거나 허공을 차는 행위 또는 허리 아래 방향으로 차는 행위, 상대의 허리 아래 부위를 가격하는 행위, 주심의 "갈려" 선언 후 상대를 공격하는 행위, 손으로 상대 머리 부분을 가격하는 행위, 무릎 또는 이마로 상대를 가격하는 행위, 넘어진 상대를 공격하는 행위, 선수들의 접촉 상황에서 무릎이 바깥쪽으로 향하고 발날 및 발바닥으로 몸통 전자 호구를 가격하는 행위, 선수나 지도자의 바람직하지 못한 행위 등이다.

🔍 **간주**: 상태, 모양, 성질 따위가 그와 같다고 봄. 또는 그렇다고 여김.
회피: 꾀를 부려 마땅히 져야 할 책임을 지지 아니함.
호구: 검도, 태권도 따위에서, 몸을 보호하기 위하여 착용하는 기구.

◎ 글 ④~⑥의 내용을 생각하며 물음에 답해 보세요.

| 공격과 방어 기술을 스스로 연습하고 익힐 수 있도록 일정한 틀로 짜여진 기술 체계는 무엇인가요?

_____

2 태권도 경기에 대한 설명으로 틀린 것은 무엇인가요?
  ① 경기 시간은 2분 3회전이다.
  ② 감점 10회를 받으면 반칙패를 당한다.
  ③ 감점은 상대 선수의 1득점으로 계산된다.
  ④ 3회전 동안 2점을 먼저 얻으면 승리한다.
  ⑤ 경기 중 금지 행위를 하면 감점을 당한다.

3 태권도 경기에서 금지 행위를 정한 까닭을 모두 고르세요.
  ① 선수를 보호하기 위해서
  ② 경기 시간을 빠르게 하기 위해서
  ③ 공정하게 경기를 운영하기 위해서
  ④ 선수의 실력을 비슷하게 맞추기 위해서
  ⑤ 바람직한 기술 발전을 유도하기 위해서

4 경기 중 감점을 받는 경우가 아닌 것은 무엇인가요?
  ① 넘어졌을 때
  ② 상대를 잡거나 밀었을 때
  ③ 한계선 밖으로 나갔을 때
  ④ 발로 상대 머리 부분을 가격했을 때
  ⑤ 손으로 상대 머리 부분을 가격했을 때

○ 다음 글을 읽고 물음에 답해 보세요.

우리나라의 무술 ❼

택견은 주로 발을 사용하여 상대를 차거나 넘어뜨리는 한국 전통의 맨손 무예이다. 무술을 연마할 때는 3박자를 원칙으로 '이크, 에크'라는 ㉠기합을 외친다.

각희·비각술 등으로도 불리는 택견은 '차기'라는 뜻을 가지며 고문헌에는 '탁견'으로 나온다. 태권도와는 역사적·기술적으로 별개의 무예이다.

택견의 기원은 삼국 시대 이전으로 거슬러 올라가며 정립 과정에서 중국·일본 등 주변국들의 무술과 영향을 주고받은 것으로 보여진다. 고려 시대에는 무인들의 무예로서 장려되었을 뿐 아니라 민간에서도 활발히 전승되었으며, 조선 시대에 들어와 민속 경기의 하나로 정착되었다.

일제 강점기에는 우리 문화에 대한 일제의 탄압으로 택견이 거의 자취를 감추었는데, 해방 이후 조선 후기의 택견꾼이었던 송덕기에 의해 되살아나 다시 맥을 이었다. 그가 전한 택견은 낱기술을 혼자 익히거나 두 사람이 상대하여 매기고 받기를 주로 연습한 후 바로 경기를 하는 겨루기 위주의 체계였는데, 그에게 배운 신한승이 오늘날과 같은 12마당 형식의 택견을 만들어 현재에 이르고 있다.

1 택견이라는 말은 어떤 뜻을 가지고 있나요?
   ① 치기   ② 차기   ③ 추기   ④ 칠기   ⑤ 털기

2 오늘날 택견의 형식은 몇 마당으로 이루어져 있나요?
   ① 10마당   ② 15마당   ③ 12마당   ④ 11마당   ⑤ 20마당

3 ㉠의 뜻을 국어사전에서 찾아보고, 짧은 글을 지어 보세요.
   (1) 기합:
   (2) 짧은 글:

4 택견에 대한 설명 중 틀린 것은 무엇인가요?
   ① 조선 시대에 민속 경기의 하나로 정착되었다.
   ② 택견의 기원은 삼국 시대 이전으로 거슬러 올라간다.
   ③ 일제 강점기에 일제의 탄압으로 거의 자취를 감추었다.
   ④ 송덕기가 오늘날과 같은 12마당 형식의 택견을 만들었다.
   ⑤ 해방 이후 조선 후기의 택견꾼이었던 송덕기에 의해 되살아났다.

5 다음 빈칸에 알맞은 낱말을 이 글에서 찾아 써넣으세요.

   • 택견은 주로 발을 사용하여 상대를 차거나 넘어뜨리는 한국 전통
     의 (   )이다. 무술을 연마할 때는 3박자를 원칙으로
     '(   ), (   )'라는 기합을 외친다.

◯ 다음 글을 읽고 물음에 답해 보세요.

우리나라의 무술 ❽

경기 방법은 경기자가 각각 상대방을 향해 한쪽 발을 내딛는 대접의 상태에서 손발을 사용하여 상대방을 넘어뜨리거나 얼굴을 발로 차면 이기게 된다. 그러나 상대방의 옷을 찢거나 다치게 해서는 안 되기 때문에 타격적 공격을 가하거나 상대방의 급소를 공격해서는 안 되며 손장심·발장심·발등만을 써서 무르고 연하게 공격해야 한다. 택견 동작은 율동적이고 부드러운 동선으로 구성되어 있어서 ㉠숙련된 경기자의 경기 모습은 마치 춤을 추는 것처럼 우아하게 보인다.

택견에는 원래 품계가 없었으나 1980년대 이후 택견의 대중화 방편으로 다른 무술이 일반적으로 사용하고 있는 단·급 제도를 도입했다. 무급, 8~1급, 초단~9단의 18품계가 있고, 초보자가 9단이 되려면 40년의 수련 기간이 걸린다. 1983년 중요 무형 문화재 제76호로 지정되었으며, 2011년에는 유네스코 세계 무형 유산으로 지정되기도 하였다.

㉠과 같이 택견이 우아하게 보이는 까닭은 무엇인가요?

_____

2 택견에는 원래 없었으나 대중화를 위해 나중에 도입한 제도는 무엇인가요?
① 구호   ② 품계   ③ 대접
④ 발차기   ⑤ 겨루기

● 다음 글을 읽고 물음에 답해 보세요.

우리나라의 무술 ⑨

　이처럼 태권도와 택견은 우리 민족 대대로 내려온 고유한 전통 무예로서, 계층에 상관없이 모두에게 사랑을 받으며 연마되어 왔다.

　특히 태권도는 올림픽에 정식 종목으로 채택되면서 국제적으로 더욱 많은 사랑을 받고 있으며 ㉠종주국인 우리나라에서 훌륭한 태권인들이 많이 나오고 있다.

　고대부터 내려온 전통 무예인 택견 또한 꾸준히 전승시켜 태권도처럼 전 세계적인 무예로 발전시키기 위해서 노력해야 한다.

ㅣ ㉠의 뜻을 국어사전에서 찾아 써 보세요.

_____

심화 학습

2　우리나라의 무예를 발전시켜 나가기 위해 우리가 해야 할 일은 무엇인가요?

_____

◎ 설명문의 내용과 일치하지 않는 것에는 ×를, 일치하는 것에는 ○를 해 보세요.

1 우리나라에는 태권도와 택견이라는 전통 무술이 있다.   (　　　　)

2 태권도와 택견은 모두 올림픽 정식 종목이다.   (　　　　)

3 태권도는 손과 발을 이용해서 상대의 공격을 막아 낸다.   (　　　　)

4 고려 시대에는 태권도를 '탁면'이라고 부르기도 했다.   (　　　　)

5 택견도 품계를 가지고 있다.   (　　　　)

6 태권도 경기는 체급별 경기를 원칙으로 하며, 경기에 사용하는 모든 구령은 영어로 한다.   (　　　　)

7 택견은 주로 발을 이용해 차거나 넘어뜨리며, '차기'라는 뜻을 가지고 있다.   (　　　　)

8 택견 동작은 강하고 화려한 동작으로 구성되어 있어, 그 파괴력이 대단하다.   (　　　　)

✏️ 논술 한마당: **뒷받침 문장**

⭕ 다음 보기와 같이 중심 문장에 알맞은 뒷받침 문장을 써 보세요.

> **보기** 중심 문장: 시장에는 가게가 많다.
>
> 뒷받침 문장: 여러 가지 생선을 파는 생선 가게가 입구에 있다. 조금 더 가면 과일 향으로 가득 찬 과일 가게가 있다. 그리고 알록달록 예쁘게 장식한 옷 가게도 있다.

| 우리나라는 아름답다.

→ _____

_____

2 우리 누나는 우등생이다.

→ _____

_____

3 가방 속에는 많은 물건이 들어 있다.

→ _____

_____

4 어머니께서는 요리를 잘하신다.

→ _____

_____

◆ 논술 연습: **주장하는 글 쓰기**

◎ 다음에서 제시하고 있는 대로 '자연을 소중히 여기는 태도를 가지자'라는 제목으로 서론, 본론, 결론의 내용을 써 보세요.

　　• 제목: 우리말과 우리글을 소중히 여기는 태도를 가지자

　　• 서론: 요즘 어린이들이 우리말과 우리글을 사용하지 않고, 외국어를 과
　　　　　　하게 사용하고 있는 점과 우리말과 우리글을 잘못 사용하고 있는
　　　　　　점에 대한 문제 제기

　　• 본론: ① 적합한 우리말이 있는데도 외국어를 쓰면 많이 알고 있는 것처럼
　　　　　　　보일까 봐 우리말과 우리글을 사용하지 않고 외국어를 쓰는 경우
　　　　　　　예 지금 피아노 레슨을 받고 있어. (레슨 → 지도)
　　　　　　② 우리말과 우리글을 잘못 사용하고 있는 경우
　　　　　　　예 봄이 되니 아지랭이가 피어올라 너무 예뻐요.
　　　　　　　(아지랭이 → 아지랑이)

　　• 결론: 잘못된 점을 바로 알고, 앞으로는 우리말과 우리글을 바르게 사용
　　　　　　하도록 하자.

ㅣ 제목: _____

2 서론: _____

3 본론: ① _____

　　　　　② _____

4 결론: _____

　　　　_____

기탄국어

학습 관리표

	1일	2일	3일	4일	5일	이번 주는?
금주평가	Ⓐ 아주 잘함	Ⓐ 아주 잘함	Ⓐ 아주 잘함	Ⓐ 아주 잘함	Ⓐ 아주 잘함	• 학습 방법 ❶ 매일매일 ❷ 가끔 ❸ 한꺼번에 하였습니다.
	Ⓑ 잘함	Ⓑ 잘함	Ⓑ 잘함	Ⓑ 잘함	Ⓑ 잘함	• 학습 태도 ❶ 스스로 잘 ❷ 시켜서 억지로 하였습니다.
	Ⓒ 보통	Ⓒ 보통	Ⓒ 보통	Ⓒ 보통	Ⓒ 보통	• 학습 흥미 ❶ 재미있게 ❷ 싫증 내며 하였습니다.
	Ⓓ 부족함	Ⓓ 부족함	Ⓓ 부족함	Ⓓ 부족함	Ⓓ 부족함	• 교재 내용 ❶ 적합하다고 ❷ 어렵다고 ❸ 쉽다고 하였습니다.

지도 교사가 부모님께	부모님이 지도 교사께

종합 평가   Ⓐ 아주 잘함   Ⓑ 잘함   Ⓒ 보통   Ⓓ 노력해야 함

원
교   반   이름

학습 내용

H단계 181a-200b

● 다음 글을 읽고 물음에 답해 보세요.

일기

아영이의 일기

20△△년 12월 5일 일요일　날씨: 흐림

　㉠일요일이지만 아침부터 온 가족이 바빴다.

바로 김장을 하는 날이기 때문이다.

　엄마는 어젯밤에 소금물에 절여 놓은 배추를 씻으시고, 고모는 무와 파를 써셨다. 아빠는 커다랗고 빨간 고무통에 담긴 김치 속 재료를 고무장갑을 끼고 열심히 버무리셨다. 나와 오빠는 엄마가 씻어 놓으신 배추를 옆집 아주머니 옆으로 조금씩 옮겨 놓았다.

　점심때가 되어서야 김장이 끝났다.

　점심으로 금방 담은 겉절이 김치와 밥을 맛있게 두 (㉡)이나 뚝딱 비웠다. 식구들이 모두 함께 만든 김치라서 그런지 정말 맛있었다.

　㉢힘은 들었지만 정말 즐거운 하루였다.

🔍 **뚝딱**: 무엇을 거침없이 시원스럽게 해치우는 모양.

1 이 글의 종류는 무엇인가요?
　① 일기　　　② 편지　　　③ 동시　　　④ 동화　　　⑤ 전기문

2 무엇을 글감으로 썼나요?
　① 친구　　　　　　　② 김장　　　　　　　③ 슬픈 하루
　④ 토요일 아침　　　　⑤ 가족의 생일잔치

3 ㉠을 이어 주는 말을 사용해 두 문장으로 나누어 써 보세요.

_____

_____

4 일기를 읽고 다음 표를 완성해 보세요.

	한 일
엄마	(1)
고모	(2)
아빠	(3)
나와 오빠	(4)

5 ㉡에 들어갈 단위를 나타내는 말은 무엇인가요?
　① 통　　　② 그릇　　　③ 다발　　　④ 자루　　　⑤ 그루

6 글쓴이가 김치를 더 맛있다고 느낀 까닭은 무엇인가요?

　　① 오래간만에 먹어 보기 때문에

　　② 맛있는 배추를 사용했기 때문에

　　③ 가게에서 사 온 김치이기 때문에

　　④ 맵지 않고 간이 잘 맞았기 때문에

　　⑤ 식구들이 모두 함께 만들었기 때문에

7 ㉢을 두 문장으로 나눌 때 이어 주는 말로 알맞은 것은 무엇인가요?

　　① 또　　　　　　　② 그리고　　　　　　　③ 따라서

　　④ 그래서　　　　　⑤ 그렇지만

8 다음 빈칸에 공통으로 들어갈 알맞은 낱말을 이 글에서 찾아 써넣으세요.

　　• 학교에서 집으로 돌아오자마자 나는 숙제를 (　　　　　) 해치웠다.

　　• 못을 박을 때 (　　　　　) 소리가 났다.

심화 학습

9 다음 낱말을 써서 보기 와 같이 문장을 완성해 보세요.

> 보기　　아빠는 커다랗고 빨간 고무통에 담긴 김치 속 재료를 고무장갑을
> 끼고 열심히 버무리셨다.

　• 하얀

　　→ _____

○ 다음 글을 읽고 물음에 답해 보세요.

생활문

송아지 쌍둥이 ❶

내가 아홉 살이 되던 해
였다. 시골에서 농사를 짓
고 있던 우리 집은 그리
넉넉한 편이 아니었다. 그런
데 어느 날 아버지께서는 가난한
살림살이에도 불구하고 큰맘 먹고 어린 암소를 한 마리 사 오셨다. 그
암소는 온 식구들의 관심 속에서 원래 있던 황소 한 마리와 함께 무럭
무럭 잘 자랐다. 내 동생은 특히 새로 사 온 암소를 좋아했다.

동생은 아침에 학교에 갈 때마다 암소에게 인사를 하고 학교에서 돌
아와서도 암소에게 인사를 했다.

"안녕? 난 지금 학교에 가. 갔다 올 때까지 잘 있어."

"암소야, 나 학교 갔다 왔어. 심심하지 않았니?"

동생은 암소가 무척 좋은 것 같았다.

아버지는 소에게 ㉠행여 무슨 일이라도 생길까 봐 조마조마해하셨
다. 하지만 암소는 아무 탈 없이 쑥쑥 자라나 어느덧 ㉡새끼를 갖게 되
었다. 어머니는 ㉢암소가 우리 집 살림을 늘려 줄 거라며 좋아하셨다.

나는 그 말이 무슨 뜻인지 그때는 잘 몰랐지만 지금은 알 것 같다.
그 말은 암소가 새끼를 낳으면 우리 집 형편에 도움이 될 거라는 뜻이
었다.

1 언제 있었던 일을 글감으로 썼나요?
　　① 작년　　　　　　　② 이틀 전　　　　　　③ 1학년 때
　　④ 일주일 전　　　　⑤ 아홉 살 때

2 다음 중 이 글에서 알 수 <u>없는</u> 사실은 무엇인가요?
　　① 글쓴이는 시골에 살았다.
　　② 동생은 암소를 좋아했다.
　　③ 글쓴이네 암소가 새끼를 가졌다.
　　④ 글쓴이는 황소를 갖고 싶어 했다.
　　⑤ 글쓴이네 집에서는 어린 암소를 키웠다.

3 ㉠'행여'와 바꾸어 쓸 수 있는 말을 모두 고르세요.
　　① 혹시　　　　　　　② 마치　　　　　　　③ 어떻게
　　④ 하필이면　　　　　⑤ 어쩌다가

4 ㉡'새끼'는 무엇을 의미하나요?
　　① 망아지　　　　　　② 송아지　　　　　　③ 병아리
　　④ 강아지　　　　　　⑤ 꺼병이

5 ㉢은 어떤 의미를 담고 있는 말인가요?

◯ 다음 글을 읽고 물음에 답해 보세요.

송아지 쌍둥이 ②

송아지가 태어나던 날, 우리 집 식구들은 모두 벌어진 입을 다물지 못했다.

눈, 코, 입 모두 쏙 빼닮은 쌍둥이 송아지가 태어났던 것이다. 어미 소가 사랑스런 눈빛으로 지켜보는 가운데 두 송아지는 머리를 부딪치며 싸우는가 하면 어느새 서로 코를 마주 대고 다정한 모습으로 잠들곤 했다.

동생은 전보다 더 암소와 송아지에게 자주 왔다 갔다 했다. 학교 갔다 와서 가방을 놓자마자 친구들과 놀러 나가던 녀석이 송아지에게 먹이를 갖다주는 데 시간을 다 보냈다.

동생은 송아지 쌍둥이에게 이름도 지어 주었다.

"음, 얘가 먼저 태어났으니까 그래도 형이지. 얘는 눈이 졸리게 생겼으니까 '조리'라고 부르고, 얘는 눈이 형보다 크니까 '왕눈이'라고 불러야지."

나는 동생이 송아지 쌍둥이의 이름을 참 잘 지었다고 생각했다.

그러던 어느 날, 우리 집에 갑자기 ㉠목돈을 들여야 할 일이 생겼다. 아버지와 우리 가족들은 서운했지만 어쩔 수 없이 송아지를 보낼 수밖에 없었다. 아버지는 이른 아침부터 슬픈 마음을 애써 감추며 소 시장에 나갈 준비를 하셨다. 발육 상태가 더 좋은 둘째 왕눈이를 데려가기로 하셨다. 동생은 아버지가 밉다고 집에서 뛰쳐나가며 마구 울었다.

아버지는 동생을 그냥 두라고 하셨다. 아버지도 많이 슬프셨던 것 같았다.

1 송아지가 태어나던 날 가족들이 놀란 까닭은 무엇인가요?

_____

2 다음 빈칸에 들어갈 알맞은 낱말을 바르게 짝지은 것은 무엇인가요?

> • 얘는 눈이 졸리게 생겼으니까 (   )라고 부르고, 얘는 눈이 형보
> 다 크니까 (   )라고 불러야지.

① 조리, 왕눈이   ② 왕눈이, 조리   ③ 조리, 큰눈이

④ 졸이, 왕눈이   ⑤ 졸리, 왕눈이

3 ㉠의 뜻으로 알맞은 것은 무엇인가요?

① 여윳돈   ② 주운 돈   ③ 많은 돈

④ 갚을 돈   ⑤ 적은 돈

4 둘째 왕눈이 송아지를 먼저 내다 팔게 된 까닭은 무엇인가요?

① 병이 들어서

② 발육 상태가 더 좋아서

③ 발육 상태가 좋지 않아서

④ 쌍둥이 형제를 자꾸만 괴롭혀서

⑤ 우리에서 뛰쳐나오며 말썽을 일으켜서

5 둘째 왕눈이를 팔게 되자 동생이 한 행동을 모두 고르세요.

① 왕눈이를 숨겼다.   ② 아버지를 미워했다.

③ 왕눈이에게 매달려 울었다.   ④ 왕눈이를 데리고 집을 나갔다.

⑤ 집에서 뛰쳐나가며 마구 울었다.

◯ 다음 글을 읽고 물음에 답해 보세요.

송아지 쌍둥이 ❸

　외양간에서 송아지를 꺼내려는데 쌍둥이 형 조리가 동생을 멀리 보내려는 걸 알았는지 ㉠애달프게 울기 시작했다. 곁에 있던 어미 소도 마치 사람처럼 눈물을 줄줄 흘렸다. 평소 무뚝뚝한 아버지께서도 결국 송아지를 팔고 돌아오시는 길에 펑펑 울고 마셨다. 동생을 잃은 조리는 계속 울며 어미 소 옆에서 떨어지려고 하지 않았다. (㉡) 아버지께서 조리도 데려갈 것을 벌써 알고 그랬나 보다. 정말 가여웠다.

　어느 날 겨울, 마당으로 나온 송아지가 마루 옆에 걸려 있는 큰 거울에서 우연히 자신의 모습을 바라보는 것을 보았다. ㉢처음엔 그저 물끄러미 바라보기만 하더니 이윽고 거울에 제 볼을 갖다 대며 부비는 것이었다. 인정 많은 우리 할머니께서는 이 모습을 지켜보시더니 거울을 송아지가 잘 보이는 마당 쪽에 옮겨 주시면서 눈물을 글썽이셨다. 나도 조리의 행동을 보자 슬펐다.

　'우리도 왕눈이가 보고 싶은데 형인 너는 더 보고 싶겠지? 미안하다.'

1 ㉠'애달프게'의 기본형은 무엇인가요?

　① 애꿎다　　　　　② 애쓰다　　　　　③ 애달피

　④ 애닳다　　　　　⑤ 애달프다

2 ㉡에 들어갈 말로 알맞은 것은 무엇인가요?

　① 마치　　　　　　② 아마　　　　　　③ 하필

　④ 하마터면　　　　⑤ 어쩔 수 없이

3 송아지 조리가 ㉢과 같이 행동한 까닭은 무엇일까요?

　_____

4 외양간에서 송아지를 꺼내려 했을 때 소들의 행동을 이 글에서 찾아 쓰세요.

　(1) 조리: _____

　(2) 어미 소: _____

5 송아지를 팔고 난 후의 아버지와 조리의 행동을 이 글에서 찾아 쓰세요.

　(1) 아버지: _____

　(2) 조리: _____

심화 학습

6 이 글을 크게 세 가지 사건으로 나누어 보세요.

　(1) 처음: _____

　(2) 중간: _____

　(3) 끝: _____

◆ 논술 한마당: **공통점과 차이점 찾기**

◎ 다음 글을 읽고 공통점과 차이점을 찾아보세요.

　　원숭이는 사람과 가장 비슷한 동물이다.

　　그들은 사람처럼 무리를 지어 생활하며, 새끼를 낳아 젖을 먹여 키운다. 또 큰 소리로 친구를 부르기도 하고, 두 다리로 서기도 한다. 원숭이는 손가락, 발가락 모양까지 사람과 비슷하게 생겼고, 손을 사용하여 물건을 집기도 한다.

　　그렇다고 하여 사람과 원숭이가 똑같다고 말할 수는 없다. 원숭이와 달리, 사람은 다른 사람에게 말과 글로 자기의 생각을 전달한다. 또 손으로 물건을 가공할 수 있는 능력도 지니고 있다. 음식을 먹을 때에도 날것을 그냥 먹지 않고 익혀서 먹는다.

　　무엇보다도 사람은 생각하는 힘을 가졌기 때문에 그 생활 모습이 다른 동물과 뚜렷이 구별된다.

| 사람과 원숭이의 공통점은 무엇인지 쓰세요.

_____

_____

_____

2 사람과 원숭이의 차이점은 무엇인지 쓰세요.

_____

_____

_____

◎ 다음 글을 읽고 공통점과 차이점을 찾아보세요.

　　개나리와 진달래는 봄이 되면 우리 주위에서 제일 먼저 볼 수 있는 꽃이다. 개나리는 노란 꽃망울이 줄기를 따라 피고, 진달래는 분홍꽃이 가지 끝에서 피어난다. 이 두 꽃은 봄을 상징하는 꽃이다.

| 두 꽃의 공통점은 무엇인지 쓰세요.

_____

_____

_____

2 두 꽃의 차이점은 무엇인지 쓰세요.

_____

_____

_____

◎ 다음 두 그림을 보고 공통점과 차이점을 기준에 맞게 써 보세요.

| 공통점

기준	토끼와 다람쥐
종류	(1)
이의 모양	(2)

2 차이점

기준	토끼	다람쥐
사는 곳	(1)	(2)
꼬리의 모양	(3)	(4)
귀의 모양	(5)	(6)

◎ 다음 두 그림을 보고 공통점과 차이점을 기준에 맞게 써 보세요.

| 공통점

기준	타조와 펭귄
종류	(1)
특징	(2)

2 차이점

기준	타조	펭귄
사는 곳	(1)	(2)
생김새	(3)	(4)

◉ 다음 두 그림을 보고 기준을 세워 공통점과 차이점을 써 보세요.

| 공통점

기준	자전거와 오토바이
(1)	(2)
(3)	(4)

2 차이점

기준	자전거	오토바이
(1)	(2)	(3)
(4)	(5)	(6)

◉ 다음 두 그림을 보고 기준을 세워 공통점과 차이점을 써 보세요.

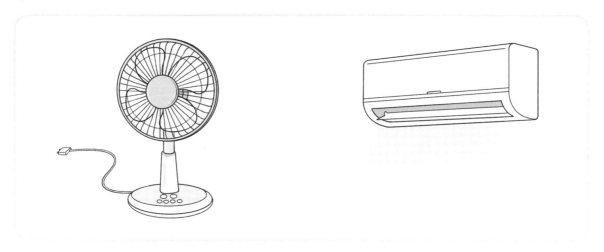

| 공통점

기준	선풍기와 에어컨
(1)	(2)
(3)	(4)
(5)	(6)

2 차이점

기준	선풍기	에어컨
(1)	(2)	(3)
(4)	(5)	(6)
(7)	(8)	(9)

◆ 논술 연습: 비교와 대조

◎ 다음 문장을 잘 보고 '비교'와 '대조' 중 어떤 방법을 사용했는지 보기 와 같이 구분해 보세요.

> 보기   어떤 대상에 대해서 설명을 할 때 다른 대상에 견주어서 설명하는 경우가 있지요. '비교'는 공통점을 중심으로 견주는 방법을 말하고, '대조'는 차이점을 중심으로 견주는 것을 말합니다.
> • 버스와 택시는 교통수단입니다. ✎ 비교
> • 버스는 많은 사람들을 태울 수 있지만 택시는 몇 사람만을 태울 수 있습니다. ✎ 대조

1 사람과 원숭이는 포유류입니다. (　　　)

2 원숭이보다 사람의 뇌가 더 발달했습니다. (　　　)

3 코스모스와 개나리는 꽃입니다. (　　　)

4 개나리는 봄에 피지만 코스모스는 가을에 핍니다. (　　　)

5 연필과 지우개는 학용품입니다. (　　　)

6 연필은 글씨를 쓸 때 사용하고, 지우개는 글씨를 지울 때 사용합니다. (　　　)

◎ 다음 문장을 잘 보고 '비교'와 '대조' 중 어떤 방법을 사용했는지 구분해 보세요.

1 우리 어머니는 국어 선생님이고, 철수네 어머니는 수학 선생님입니다.(　　　)

2 우리 어머니와 철수네 어머니는 같은 학교에 다니시는 선생님입니다. (　　　)

3 안경은 눈이 나쁜 사람이 사물을 잘 보기 위해서 쓰고, 선글라스는 햇빛을 가리기 위해서 씁니다.　　　　　　　　　　　　　　　　　　　(　　　)

4 안경과 선글라스는 눈을 보호해 주는 역할을 합니다.　　　(　　　)

5 진돗개와 삽살개는 천연기념물로 지정된 개입니다.　　　(　　　)

6 삽살개는 털이 길고, 진돗개는 털이 짧습니다.　　　　(　　　)

7 사과와 바나나는 과일입니다.　　　　　　　　　　(　　　)

8 연필로 쓴 글은 지워지지만 볼펜으로 쓴 글은 지워지지 않습니다.　(　　　)

9 사과는 빨간색이고, 바나나는 노란색입니다.　　　　　(　　　)

10 연필과 볼펜은 모두 글씨를 쓸 때 사용합니다.　　　　(　　　)

○ 다음 문장을 보기처럼 '비교'와 '대조'의 방법을 이용해서 써 보세요.

> 보기 설탕과 소금
>
> 비교 → **공통점** – 설탕과 소금은 물에 잘 녹는다.
>
> 대조 → **차이점** – 설탕은 단맛이 나고, 소금은 짠맛이 난다.

1 연필과 지우개

(1) 비교 → _____

(2) 대조 → _____

2 유선 전화기와 무선 전화기

(1) 비교 → _____

(2) 대조 → _____

3 식혜와 콜라

(1) 비교 → _____

(2) 대조 → _____

4 호박과 오이

(1) 비교 → _____

(2) 대조 → _____

5 책상과 식탁

(1) 비교 → _____

(2) 대조 → _____

6 수영장과 해수욕장

(1) 비교 → _____

(2) 대조 → _____

7 개와 고양이

(1) 비교 → _____

(2) 대조 → _____

8 눈과 비

(1) 비교 → _____

(2) 대조 → _____

9 텔레비전과 라디오

(1) 비교 → _____

(2) 대조 → _____

10 벌과 개미

(1) 비교 → _____

(2) 대조 → _____

◆ 같은 뜻, 다른 뜻

우리말에는 형태가 같지만 서로 다른 낱말인 경우, 한 낱말이 여러 가지 뜻을 가진 경우, 낱말의 형태는 다르지만 같은 뜻을 가진 것들이 있습니다. 이때 낱말의 앞뒤 내용을 살펴보고 어떤 뜻으로 쓰인 낱말인지 알아야 문장이나 글의 뜻을 바르게 이해할 수 있습니다.

◎ 밑줄 친 낱말이 서로 같은 뜻인지 다른 뜻인지 파악하고, 알맞은 곳에 ○를 해 보세요. 그리고 다른 뜻일 경우 각 낱말의 뜻을 설명해 보세요.

1 경수는 어제 국어 시험에서 만점을 받더니, 오늘 수학 시험에서도 백점을 받았습니다. (같은 뜻, 다른 뜻)

2 그 사람의 의사는 의사 선생님과 같다고 합니다. (같은 뜻, 다른 뜻)

3 우리 어머니는 맛있는 음식을 잘하신다. 실패는 성공의 어머니이다.
(같은 뜻, 다른 뜻)

4 대한민국의 수도는 서울이고, 미국의 수도는 워싱턴이다.
(같은 뜻, 다른 뜻)

5 책방에서 책을 사 오라는 어머니의 심부름을 하기 위해 집으로 오는 길에 서점에 들러 책을 샀다. (같은 뜻, 다른 뜻)

6 선미의 의자는 높고, 영미의 걸상은 낮다. (같은 뜻, 다른 뜻)

● 다음 보기 와 같이 문장을 읽고 알맞은 낱말을 써 보세요.

> 보기 공부하는 것이 직업인 사람은 <u>학생</u>이다.

1 음식을 상하지 않게 보관해 주는 물건은 _____이다.

2 사람들이 타고 다니기 위해 만든 것은 _____이다.

3 학생을 가르치는 사람은 _____이다.

4 새끼를 낳아 젖을 먹여 키우는 동물은 _____이다.

5 하늘을 날 수 있는 동물은 _____이다.

6 꿀을 만드는 곤충은 _____이다.

7 맛있는 요리를 만드는 사람은 _____이다.

8 소가 낳은 새끼는 _____이다.

9 '칙칙폭폭' 소리를 내며 달리는 것은 _____이다.

10 야구 경기를 하는 곳은 _____이다.

○ 다음 보기 처럼 제시한 내용에 알맞은 예를 세 개 이상 적어 보세요.

> **보기** 다리가 네 개인 동물 → 돼지, 사자, 코끼리, 여우

1 직업의 종류 → _____

2 포유동물 → _____

3 놀이터에 있는 놀이 기구 → _____

4 집에서 쓰는 가전제품 → _____

5 날개가 있어도 날지 못하는 동물 → _____

6 요일 이름 → _____

7 꽃의 종류 → _____

8 탈것의 종류 → _____

9 날개가 있는 동물 → _____

10 색이 빨간 과일 → _____

◉ 〈보기〉처럼 제시한 낱말들을 모두 포함하는 낱말을 써 보세요.

> 보기   사람, 고래, 수달 → 포유동물

1 사과, 바나나, 배 → _____

2 배, 자동차, 비행기, 버스 → _____

3 장미, 봉선화, 진달래, 국화 → _____

4 주스, 사이다, 식혜, 콜라 → _____

5 농구, 씨름, 축구, 유도 → _____

6 지우개, 연필, 공책 → _____

7 소아과, 내과, 안과 → _____

8 배추, 상추, 토마토, 쑥갓 → _____

9 구두, 샌들, 운동화 → _____

10 코끼리, 사슴, 악어, 토끼, 곰 → _____

○ 다음 글을 읽고 물음에 답해 보세요.

극본

자연의 용서 ❶

- 때: 어느 일요일
- 곳: ㉠숲속
- 등장인물: 소나무, 토끼, 다람쥐, 바위, 소년 1, 소년 2, 소녀, 신령님

막이 오르면 무대 뒤로 나무와 바위, 토끼, 다람쥐가 서로 웃으며 이야기를 하다가 아이들이 오는 소리에 토끼와 다람쥐는 얼른 숨고, 바위와 나무도 움직임을 멈춘다.

소년 1: (바위에 앉아 땀을 닦으며) 아휴, 힘들어. 이렇게 힘든데 ㉡산에는 왜 오는 건지 모르겠어. 그렇지 않니?

소녀: 맞아. 하지만 숙제를 해야 하는 걸 어떡하니? 선생님도 참 이상하시지. 산꼭대기에 깃발을 꼭 꽂아 놓고 오라고 하실 게 뭐람.

언제, 어디에서 있었던 일인가요?

2 ㉠의 숲은 어떤 낱말이 줄어서 된 말인가요?

　　① 수풀　　　　② 숫풀　　　　③ 풀숲　　　　④ 풀섭　　　　⑤ 숯불

3 아이들이 산에 오른 까닭은 무엇인가요?

　　① 운동을 하려고

　　② 선생님을 만나기 위해

　　③ 친구를 놀린 벌을 받는 중이라서

　　④ 선생님께서 내 주신 숙제를 하기 위해

　　⑤ 선생님께 드릴 깜짝 선물을 준비하느라

4 ㉡과 같이 생각하는 소년에게 여러분이 산에 오르는 것이 좋은 이유를 설명해 보세요.

_____

_____

5 선생님께서 내 주신 숙제는 무엇이었나요?

_____

6 소년과 소녀는 산에 오르는 것에 대해 어떻게 생각하나요?

　　① 무서워한다.　　　　　　　　② 행복해한다.

　　③ 만족스러워한다.　　　　　　④ 귀찮게 생각한다.

　　⑤ 선생님께 고맙게 생각한다.

◯ 다음 글을 읽고 물음에 답해 보세요.

자연의 용서 ❷

소년 1: 맞아. (팔을 위로 올리며) 이제 좀 살 것 같다.

  소녀: (급히 손가락으로 나무 위를 가리키며) ㉠어머, 저기 좀 봐. 다람쥐다, 다람쥐야!

소년 1: 어디? (고개를 들어 나무 위를 여기저기 살펴보며) 어디 있는데? 어? 저기 있다. (손가락으로 나뭇가지 위에 앉아 있는 (　㉡　)를 가리키며) 우리 저 다람쥐 잡아 가자.

  소녀: 하지만 어떻게 잡니?

소년 1: (바닥을 두리번거리며) 기다려 봐. (돌을 하나 주우며) 그래, 이걸로 잡으면 될 거야.

  소녀: (소년의 손을 바라보며) 그걸로 어떻게 다람쥐를 잡는다고 그러니?

소년 1: 잘 봐. (다람쥐를 향해 돌을 몇 개 던진다.) 어? 안 떨어지네.

  소녀: 에이, 도망가 버렸잖아. 어서 가기나 하자.

소년 1: (아쉬운 표정으로 땅을 한 번 구르며) 아깝다. 잡아 가면 재밌는 장난감이 되었을 텐데…….

ㅣ ㉠은 어떻게 읽어야 할까요?

① 슬픈 목소리로   ② 다급한 목소리로

③ 귀찮은 목소리로   ④ 우렁찬 목소리로

⑤ 울음 섞인 목소리로

2   ⓒ에 들어갈 알맞은 낱말을 쓰세요.

_____

3   소년은 다람쥐를 어떻게 잡으려고 했나요?

_____

4   소년의 행동을 보고 여러분은 어떤 생각이 드나요? 소년이 잘못을 깨닫도록 알
    맞은 예를 들어 충고해 보세요.

_____

_____

5   이 글로 보아 소년과 소녀는 어떤 아이들인가요?
    ① 돌을 잘 던지는 아이
    ② 자연을 사랑하는 아이
    ③ 동물을 사랑하는 아이
    ④ 자연과 동물을 함부로 대하는 아이
    ⑤ 착하고 아름다운 마음씨를 가진 아이

6   소년은 다람쥐를 잡지 못해 아쉬워했어요. 소년이 다람쥐를 잡으려고 한 까닭은
    무엇인가요?
    ① 돈을 받고 팔려고   ② 집에 가져가서 키우려고
    ③ 안전한 곳으로 옮겨 주려고   ④ 친구들에게 자랑을 하려고
    ⑤ 재미있는 장난감으로 만들려고

● 다음 글을 읽고 물음에 답해 보세요.

자연의 용서 ❸

다람쥐: (나뭇가지로 다시 나와 앉으며) 정말 나쁜 아이들이야. 하마터면 돌에 맞을 뻔했잖아. (큰 소리로) ㉠애들아, 아이들 다 지나갔어. 이제 나와도 돼. (나무를 타고 바위 위로 내려온다.)

토끼: (주위를 살피다가 깡충깡충 뛰어나오며) 다롱아, 괜찮니?

다람쥐: 응, 괜찮아. ㉡하마터면 죽을 뻔했지만 말이야.

나무: (가지를 흔들며) 맞아. 아까 그 애들이 다롱이한테 마구 돌을 던졌거든. 나도 다롱이가 걱정되어서 정말 혼났어.

바위: (㉢주먹으로 땅을 치며) 인간들은 어른이나 아이나 정말 못됐어. 산에 와서 맑은 공기나 마시고 기분 좋게 내려가면 되지. 왜 ㉣우리들을 못살게 구는지 모르겠어.

다람쥐: 맞아. 바위야, 너도 몸이 많이 더러워졌구나. 여기 저기 낙서투성이야.

1 ㉠의 '얘들'에 해당하지 <u>않는</u> 것을 모두 고르세요.

① 바위   ② 소년   ③ 토끼   ④ 나무   ⑤ 소녀

2 ㉡에 담긴 의미는 무엇인가요?

① 돌에 맞았으면   ② 돌을 피했으면

③ 나무에서 떨어졌으면   ④ 아이들을 못 만났으면

⑤ 신령님이 구해 주지 않았다면

3 ㉢에 드러나는 기분은 어떤 것인가요?

① 화가 난다.   ② 매우 아쉽다.   ③ 매우 무섭다.

④ 무척 졸리다.   ⑤ 우습고 재미있다.

4 ㉣이 가리키는 것은 누구인지 써 보세요.

---

5 다음 중 ❸의 장면에 등장하지 <u>않는</u> 것은 누구인가요?

①

②

③

④

⑤

● 다음 글을 읽고 물음에 답해 보세요.

자연의 용서 ④

바위: (울먹이며) 그래. 인간들은 산에 와서 왜 내 몸에 낙서를 하는지 모르겠어. 자기 이름을 내 얼굴에 써 놓고, 정말 못된 사람들은 내 몸을 마구 파서 자기 이름을 새겨 넣는데 난 얼마나 괴롭고 아픈지 몰라.

나무: 그래, 바위야. 사람들은 정말 이상해. 내 몸을 좀 봐. 내 몸에도 ⊙수많은 사람들의 이름이 쓰여 있잖아. 그리고 자기들 마음대로 내 몸에 있는 가지들을 마구 ⓒ부러뜨려 놓기도 해. 우리를 괴롭히는 게 재밌나 봐.

토끼: (바위 위로 ⓒ깡충 뛰어오르며) 나도 그래. 사람들이 나를 잡으려고 무서운 ⓔ덫을 숲속 여기저기에 놓는 바람에 마음대로 다니지도 못해. 얼마 전에 내 친구 고라니도 그 덫에 걸려서 인간들에게 끌려갔잖아. 정말 무서워서 못 살겠어.

나무: 그뿐이니? 가을이면 사람들이 도토리를 전부 주워 가서 다람쥐가 먹이를 찾기도 힘들 지경이야.

다람쥐: (고민하는 모습으로) ⓜ애들아, 우리 이렇게 괴로워하기만 할 게 아니라 못된 인간들을 혼내 주자.

토끼, 나무,
바위: (ⓗ일제히 다람쥐를 바라보며) (　　　ⓢ　　　)

🔍 **고라니:** 사슴과의 동물. '노루'의 일종으로 몸길이 약 90센티미터. 여름에는 붉은 갈색, 가을에는 잿빛 갈색인데, 암수 모두 뿔이 없고 송곳니는 밖으로 나와 있음.

공부한 날 월 일

1 바위의 몸이 더러워진 까닭은 무엇인가요?

2 이 글에 등장하는 인물들의 공통점은 무엇인가요?

3 숲속 친구들이 사람들을 미워하는 까닭을 생각하며 빈칸에 알맞은 말을 이 글에서 찾아 써넣으세요.

• 사람들이 나무나 바위에 (　　　　)를 하고 (　　　　)을 놓아 동물들을 잡아 가기 때문이다.

4 ㉠~㉤중 맞춤법이 틀린 것은 무엇인가요?

① ㉠　② ㉡　③ ㉢　④ ㉣　⑤ ㉤

5 ㉥과 바꾸어 쓸 수 있는 낱말은 무엇인가요?

① 뒤늦게　② 임시로　③ 일정하게
④ 한꺼번에　⑤ 따로따로

6 ㉦에 들어갈 말로 어울리는 것은 무엇인가요?

① 왜?　② 어떻게?　③ 무엇을?
④ 누구를?　⑤ 어디서?

○ 다음 글을 읽고 물음에 답해 보세요.

자연의 용서 ❺

다람쥐: 산신령님께 간절히 부탁을 드려 보는 거야. 우리 얘길 다
들으시면 아마 도와주실 거야.

토끼: (귀를 쫑긋거리며) 그래, 좋은 생각이야.

바위: 하지만 얘들아, ㉠인간들 중에는 자연을 사랑하는 마음씨
착한 사람들도 있는걸.

나무: 그렇기는 해. 내가 병에 ㉡걸렸을 때 착한 사람들이 와서
주사를 놔 주고, 자주 와서 날 돌봐 주기도 했어.

다람쥐: 그건 그래. 어떤 아이들은 우리 다람쥐들이 살 집을 예쁘
게 만들어 가지고 와서 걸어 주기도 하니까.

토끼: 하지만 얘들아, 생각해 봐. 우리 동물 친구들을 마구 죽이
고 ㉢자연을 마구 해치는 나쁜 인간들은 호되게 한번 혼
나 봐야 해. (주먹을 불끈 쥔다.)

토끼, 나무,
바위: 그래, 그럼 우리 신령님께 기도를 하자.

다람쥐, 토끼,
나무, 바위: (무릎을 꿇고 두 손을 모아 기도한다.) 신령님! 저희의 기도를
들어주세요. 못된 인간들을 혼내 주세요.

조명이 어두워지며 '펑' 하는 소리와 함께 무대 한쪽에서 안개가 피어오른다. 안
개 속에서 신령님이 긴 수염을 쓰다듬으며 나온다.

🔍 호되다: 매우 심하다.

1 다람쥐와 친구들은 산신령에게 어떤 부탁을 했나요?

_____

2 ㉠에서 말한 '마음씨 착한 사람들'이란 어떤 사람들을 말하는지 이 글에서 구체적인 예를 찾아 밑줄을 그어 보세요.

3 밑줄 그은 낱말이 ㉡과 같은 뜻으로 쓰인 문장은 무엇인가요?
① 그물에 물고기가 걸렸습니다.
② 가시가 목에 걸려서 아팠습니다.
③ 예쁜 그림이 벽에 걸려 있습니다.
④ 감기에 걸려서 병원에 다녀왔습니다.
⑤ 부산에서 서울까지는 사흘이 걸립니다.

4 나쁜 사람들을 혼내 주기 위해 동물들은 모두 무엇을 하기로 했나요?

_____

5 ㉢에 해당하는 인간은 어떤 사람들인지 앞의 내용을 떠올려 써 보세요.

_____

6 다음 빈칸에 알맞은 낱말을 이 글에서 찾아 써넣으세요.

• 지난겨울에 스케이트를 타다가 감기에 걸려서 (   ) 고생을 했다.

● 다음 글을 읽고 물음에 답해 보세요.

자연의 용서 ❻

신령님: 누가 나를 불렀느냐?

다람쥐: (신령님 앞으로 조르르 달려가서) 네, 신령님. 저희들은 그동안 나쁜 인간들에게 너무 괴롭힘을 많이 당했어요. 신령님께서 그들을 좀 혼내 주세요.

신령님: (무대를 왔다 갔다 하며) ㉠하지만, 세상에는 자연을 사랑하는 착한 사람들도 많은데 어찌 그들을 다 혼내 주겠느냐?

토끼: (간절히 부탁하며) 신령님, 그건 저희들도 알아요. 하지만 제 친구들 여럿이 벌써 나쁜 인간들이 놓은 덫에 걸려 죽었는걸요. 지난주에는 산양이랑 고라니가 죽었고, 이번 주에는 제 사촌도 죽었어요. (눈물을 흘리며 신령님을 바라본다.)

신령님: ㉡그래, 정말 슬픈 일이구나. 그렇다면 내 요술 지팡이를 좀 고생시켜야겠구나. (지팡이를 들어 주문을 외며) 지팡이야, 동물 친구들과 자연을 괴롭히는 나쁜 인간들에게 벌을 주어라. 호이!

Ⅰ ㉠은 어떻게 읽어야 할까요?

① 거만하게   ② 결심한 듯이

③ 화가 난 듯이   ④ 설레는 듯이

⑤ 고민하는 듯이

2 다람쥐와 토끼, 바위, 나무의 바람은 무엇인가요?

① 나쁜 사람들을 모두 혼내 주는 것

② 착한 사람들을 숲으로 데려오는 것

③ 착한 사람들과 서로 사랑하며 지내는 것

④ 나쁜 사람들을 산에서 모두 쫓아내는 것

⑤ 나쁜 사람들에게 덫을 씌워 동물 감옥에 가둬 두는 것

3 신령님은 동물 친구들의 소원을 들어주기 위해 무엇을 사용했나요?

_____

4 ㉡에서 정말 슬픈 일이란 무엇을 말하나요?

_____

5 신령님은 요술 지팡이를 들고 무엇이라고 주문을 외었나요? 이 극본에 서 찾아써 보세요.

_____

○ 다음 글을 읽고 물음에 답해 보세요.

자연의 용서 ❼

갑자기 여러 명의 아이들이 괴로워하며 무대 위를 왔다 갔다 한다.

소년 1: (머리에 커다란 혹을 만지며) 아이, 아파.

소년 2: (아파서 얼굴을 찡그리며) 아얏! 아얏!

하늘에서 큰 소리가 들린다.

신령님: 자연을 아프게 하고 동물을 괴롭히면 너희들도 똑같이 벌을 받게 될 것이다.

소년: 우리가 다람쥐를 괴롭혀서 벌을 받나 봐.

소녀: 맞아. 우리 다시는 동물들을 괴롭히지 말자.

토끼: (멀리서 바라보며) 이제 다시는 우리들을 괴롭히지 못할 거야.

신령님: (고개를 끄덕이며) 그래, 이제 아이들도 정신을 차렸을 게다.

다람쥐, 나무, 바위: 네, 다시는 슬픈 일이 일어나지 않았으면 좋겠어요. 사람들도 모두 우리와 친하게 사랑하며 지낼 수 있을 거예요.

막이 내린다.

1 이 글을 쓴 까닭은 무엇인가요?
① 연극을 하기 위해
② 물건을 주문하기 위해
③ 여행 소감을 적기 위해
④ 위인의 업적을 기록하기 위해
⑤ 책을 읽은 뒤 감상를 남기기 위해

2 이 글을 바탕으로 주장하는 글을 쓸 때 알맞은 주제는 무엇인가요?
① 자연을 사랑하자.　　　　② 나무를 많이 심자.
③ 등산을 열심히 다니자.　　④ 산에서는 불조심을 하자.
⑤ 친구와 사이좋게 지내자.

심화 학습
3 이 글의 뒷이야기는 어떻게 이어질지 재미있게 꾸며 보세요.

_____

_____

_____

_____

_____

_____

◆ 논술 연습: 속담 넣어 글 쓰기

○ 다음 보기와 같이 알맞은 속담을 활용해서 글을 완성해 보세요.

> **보기** 　한 가지 일을 꾸준히 합시다. 옛 속담에 '우물을 파도 한 우물을 파라'는 말이 있습니다. 무슨 일이든지 성공을 하려면 이처럼 한 가지 일을 꾸준히 계속해야만 합니다.

1

　하영이는 오늘 숙제를 안 했다고 어머니께 야단을 맞았다. 하영이는 이불 속에서 조용히 울면서 "동생은 놔두고 엄마는 나만 미워해!"라고 말했다. 그러자 아버지께서 하영이를 다독거리시며 "_____"라고 말씀하셨다.

・속담 → _____

2

　체육 대회가 시작되었지만 우리 반은 갈팡질팡하고 있었습니다. 피구를 잘하는 소이가 그만 발목을 삐어서 대회에 나가지 못하게 된 것입니다. 어쩔 수 없이 _____이라고 내가 수희 대신 피구 선수로 나가게 되었습니다.

・속담 → _____

3

　두 형제는 어머니가 싸 주신 도시락을 꺼냈습니다. 그런데 두 형제는 자꾸만 서로의 도시락을 흘낏흘낏 쳐다볼 뿐 먹을 생각을 안 했습니다. 알고 보니 _____라는 말처럼 남의 도시락이 더 맛있겠다고 생각하고 있었기 때문에 서로 기분이 상해 도시락을 먹지 않고 있었던 것입니다.

・속담 → _____

◉ 다음 속담을 사용해 짧은 글을 지어 보세요.

1   누워서 침 뱉기

   → _____

2   다람쥐 쳇바퀴 돌듯

   → _____

3   돌다리도 두들겨 보고 건너라

   → _____

4   등잔 밑이 어둡다

   → _____

5   말은 해야 맛이고 고기는 씹어야 맛이다

   → _____

6   불난 집에 부채질한다

   → _____

7   바늘 가는 데 실 간다

   → _____

8   사공이 많으면 배가 산으로 간다

→ _____

9   입에 쓴 약이 병에는 좋다

→ _____

10   도토리 키 재기

→ _____

11   세 살 먹은 아이 말도 귀담아들으랬다

→ _____

12   열 번 찍어 아니 넘어가는 나무 없다

→ _____

13   배보다 배꼽이 더 크다

→ _____

14   미운 아이 떡 하나 더 준다

→ _____

기탄국어

학습 관리표

	1일	2일	3일	4일	5일	이번 주는?
금주평가	Ⓐ 아주 잘함	Ⓐ 아주 잘함	Ⓐ 아주 잘함	Ⓐ 아주 잘함	Ⓐ 아주 잘함	• 학습 방법 ❶ 매일매일 ❷ 가끔 ❸ 한꺼번에 하였습니다.
	Ⓑ 잘함	Ⓑ 잘함	Ⓑ 잘함	Ⓑ 잘함	Ⓑ 잘함	• 학습 태도 ❶ 스스로 잘 ❷ 시켜서 억지로 하였습니다.
	Ⓒ 보통	Ⓒ 보통	Ⓒ 보통	Ⓒ 보통	Ⓒ 보통	• 학습 흥미 ❶ 재미있게 ❷ 싫증 내며 하였습니다.
	Ⓓ 부족함	Ⓓ 부족함	Ⓓ 부족함	Ⓓ 부족함	Ⓓ 부족함	• 교재 내용 ❶ 적합하다고 ❷ 어렵다고 ❸ 쉽다고 하였습니다.

지도 교사가 부모님께	부모님이 지도 교사께

종합 평가 Ⓐ 아주 잘함   Ⓑ 잘함   Ⓒ 보통   Ⓓ 노력해야 함

원
교   반   이름

H단계 201a-220b

● 다음 글을 읽고 물음에 답해 보세요.

위문 편지

유나의 편지 ❶

에티오피아 친구들에게

에티오피아에 사는 친구들아, 지금은 어떻게 지내고 있니?

나는 대한민국에 있는 무궁화초등학교 4학년 최유나라고 해.

너희 나라 사정은 뉴스와 신문을 통해 잘 알고 있단다. 그래서 나는 너희
들을 위로해 주고 싶어서 이렇게 편지를 쓰고 있어. 굶주림에 시달려 얼마
나 힘들겠니? 그런데 아무것도 도와주지 못해서 너무너무 미안해.

지금의 너희 사정은 어떠니? 지난번 뉴스에서 너희들이 어려움에 처한
모습을 보았을 때 나는 눈시울이 뜨거워졌단다. 이 지구상에는 굶어 죽는
사람이 있는가 하면 반찬 투정이나 하면
서 음식을 낭비하는 사람도 있다는
걸 생각하면 정말 미안하단다.

이 편지를 누가 받게 될지
모르겠지만 희망을 갖고 힘
을 내길 바라.

유나는 에티오피아의 사정을 어떻게 알게 되었나요?

① 책을 읽어서   ② 직접 가 보아서

③ 어머니께 들어서   ④ 뉴스와 신문을 통해서

⑤ 선생님의 말씀을 들어서

◯ 다음 글을 읽고 물음에 답해 보세요.

유나의 편지 ②

우리나라에도 너희 나라의 어려운 사정을 돕는 운동을 하는 사람들이 많이 있어. 그래서 얼마 전에 공연도 하고 거기서 나온 돈을 모아서 너희 나라에 보냈다는 말도 들었단다. 우리의 노력이 얼마나 큰 도움이 될지는 모르겠지만 항상 너희를 사랑하는 세계의 친구들이 있다는 걸 잊지 않았으면 좋겠어.

우리나라도 옛날에는 아주 어려웠지만 사람들이 아끼고 열심히 일해서 지금처럼 잘살게 된 거래. 친구들아, 너희들도 희망을 잃지 말고 용기를 내서 꼭 너희 나라를 잘사는 나라로 만들기를 바라. 난 꼭 그렇게 되리라고 믿는단다.

나도 ㉠이곳에서 너희를 응원해 줄게. 그럼 안녕!

20△△년 6월 5일

유나 씀

1 누가 누구에게 쓴 편지인가요?

_____가 _____에게

2 이 편지의 내용에서 알 수 <u>없는</u> 것은 무엇인가요?
① 편지를 보내는 사람
② 에티오피아의 어려운 사정
③ 에티오피아를 돕는 사람들의 노력
④ 편지를 받을 에티오피아 친구의 이름
⑤ 에티오피아 친구들을 생각하는 글쓴이의 마음

3 유나가 편지를 쓴 목적으로 알맞은 것을 모두 고르세요.
① 에티오피아에 가 보고 싶어서
② 에티오피아 친구들을 위로해 주려고
③ 에티오피아 친구들에게 용기를 주려고
④ 에티오피아 친구들을 한국에 초청하려고
⑤ 에티오피아 친구들의 생김새가 궁금해서

4 ㉠이 가리키는 곳은 어디인가요?

_____

심화 학습
5 우리 주위에는 어렵게 사는 친구들이 아주 많습니다. 그런 친구들을 도와준 경험을 말해 보세요.

다음 글을 읽고 물음에 답해 보세요.

전기문

세계적인 곤충학자 파브르 ❶

"할아버지, 할아버지!"

어린 앙리는 숨을 헐떡거리며 뛰어와 할아버지를 불렀습니다.

"할아버지는 해님을 눈으로 보세요, 아니면 입으로 보세요?"

할아버지는 어리둥절해서 손주를 쳐다보았습니다. 하지만 앙리는 마치 대단한 것이라도 찾아낸 것처럼 눈을 빛내며 같은 질문을 던졌습니다. 저녁을 먹으면서도 앙리는 일꾼들에게 똑같은 질문을 하였습니다.

"아저씨들은 해님을 어디로 보세요? 입이에요, 눈이에요?"

일꾼들은 그 말을 듣고 배꼽을 쥐고 웃었습니다. 앙리는 자신을 보며 웃는 사람들을 이상하다는 듯이 쳐다보았습니다.

"저는 해님의 눈부신 빛을 눈으로 보는 건지 입으로 보는 건지 실험해 보았어요. 그래서 눈을 떠야 해님을 볼 수 있다는 걸 알았어요. 눈을 감은 후 입을 벌려 쳐다봐도 해님은 보이지 않았거든요. 사람은 눈으로 해님을 보는 거죠? 그렇죠?"

앙리는 아주 진지한 얼굴로 물었지만 사람들은 그저 웃기만 했습니다.

1 이 글의 종류는 무엇인가요?
   ① 동화   ② 소설   ③ 동시   ④ 전기문   ⑤ 기행문

2 글 ❶의 주된 내용은 무엇인가요?
   ① 파브르의 업적   ② 파브르의 탄생   ③ 파브르의 일화
   ④ 파브르의 외모   ⑤ 파브르의 일대기

3 이 글에서 앙리와 할아버지의 관계를 알게 해 주는 낱말을 찾아 써 보세요.

_____

4 다음 에디슨의 일화를 읽고, 앙리 파브르와 에디슨의 공통점을 찾아 써 보세요.

   에디슨은 알에서 병아리가 어떻게 태어나는 것일까 무척이나 궁금했다.
   "어머니, 병아리는 어떻게 태어나는 거예요?"
   "병아리는 어미 닭이 따뜻하게 알을 품어 주면 알을 깨고 나온단다."
   이 말을 듣고 에디슨은 헛간에서 알을 가져다 직접 품어 보았다.

• 공통점: _____

5 이 글에서 앙리는 해님을 눈으로 본다는 것을 알기 위해 어떤 실험을 해 보았나
   요?

_____

○ 다음 글을 읽고 물음에 답해 보세요.

세계적인 곤충학자 파브르 ②

앙리는 화가 나서 다음부터는 새로운 발견을 하더라도 어른들에게 절대 알리지 않기로 다짐하였습니다.

어른들은 양이나 소 같은 가축은 알고 있지만 그 이외의 것은 궁금해하지도 않고 알려고 노력하지도 않는다는 사실을 앙리는 깨달았기 때문입니다.

이 어린 날의 앙리가 바로 세계적인 곤충학자로 알려진 파브르입니다. 앙리는 가난한 집에서 태어났습니다. 그래서 어려서부터 시골에 있는 할아버지 댁에서 살아야 했습니다.

할아버지 ㉠집에서 지내는 동안 들과 숲의 곤충들은 앙리의 좋은 친구였습니다.

앙리에게는 보물이 하나 있었습니다. 곤충이 가득 들어 있는 조그마한 나무 상자였습니다.

앙리는 그 보물을 잠잘 때도 항상 머리맡에 두고 잤습니다.

1 어린 시절 앙리는 어른들의 어떤 점을 깨달았나요?

_____

_____

_____

2 다음 중 앙리에 대한 설명으로 바르지 않은 것은 무엇인가요?
① 곤충을 좋아했다.
② 귀족 집안에서 태어났다.
③ 어렸을 때 시골에서 살았다.
④ 어려서부터 할아버지와 살았다.
⑤ 호기심이 풍부하고 관찰력이 있다.

3 앙리가 가장 소중하게 여기는 보물은 무엇인가요?
① 할아버지 댁의 정원   ② 목장의 소와 양들
③ 곤충이 가득 든 상자   ④ 숲속 아름드리 나무
⑤ 부모님의 선물이 든 상자

4 우리 주변에서 볼 수 있는 곤충에는 어떤 것들이 있는지 적어 보세요.

_____

5 ㉠의 높임 표현을 이 글에서 찾아 쓰세요.

_____

○ 다음 글을 읽고 물음에 답해 보세요.

세계적인 곤충학자 파브르 ❸

앙리는 산과 들이 넓게 펼쳐진 집 주변에서 여러 종류의 곤충들을 찾아 볼 수 있었습니다. 특히 들판에 나가면 신기한 벌레들이 많았습니다.

"앗, 무당벌레다!"

앙리는 무당벌레를 한 마리 잡아 날개를 들추어 보았습니다.

"아아! 무당벌레 날개는 마치 양파 껍질같이 생겼구나!"

소년 파브르는 곤충들과 노는 것이 재미있어서 그것들을 손바닥 위에 올려놓고 유심히 들여다보았습니다.

파브르는 나중에 『곤충기』를 쓰면서 다음과 같이 어린 시절을 회상했습니다.

"어떤 때는 쓰러진 나무 밑에서 (㉠   ) 벌레가 기어 나오는 걸 봤지. 나는 서둘러서 그 벌레를 잡아 보고 정말 놀라고 말았어. 햇빛을 받아서 반짝거리는 껍질은 아름다운 초록색 철물로 만든 갑옷 같았고, 윤나는 날개의 아름다움은 여섯 살된 어린 나로서는 도저히 표현할 수 없는 것이었어."

이렇듯 앙리 파브르는 무엇이나 ㉡자세히 살펴보는 습관을 가지고 있었습니다.

1   앙리가 곤충들과 쉽게 가까워질 수 있었던 까닭은 무엇인가요?
   ① 곤충에 대한 책을 많이 보아서
   ② 할아버지가 곤충을 좋아하셔서
   ③ 집 근처가 온통 산과 들이었기 때문
   ④ 곤충의 말을 알아듣는 재주가 있어서
   ⑤ 곤충을 키워 장에 내다 팔았기 때문에

2   다음 대상을 **보기** 와 같은 방법으로 설명해 보세요.

   > **보기**   무당벌레 날개 = 마치 양파 껍질 같다.

   (1) 잠자리 날개 = _____
   (2) 토끼 꼬리 = _____

3   ㉠에 알맞은 흉내 내는 말은 무엇인가요?
   ① 훨훨   ② 살금살금   ③ 깡충깡충
   ④ 성큼성큼   ⑤ 헐레벌떡

4   ㉡과 관계있는 낱말은 무엇인가요?
   ① 표현   ② 기억   ③ 전개   ④ 관찰   ⑤ 노력

5   파브르가 쓴 책의 제목을 이 글에서 찾아 쓰세요.

   _____

◯ 다음 글을 읽고 물음에 답해 보세요.

세계적인 곤충학자 파브르 ❹

어린 시절 산골 할아버지 댁에서 보낸 추억은 훗날 그가 위대한 곤충학자가 되는 바탕을 마련해 주었다.

앙리가 할아버지 댁에 온 지 여러 달이 지난 어느 날 저녁의 일이었습니다. 저녁밥을 먹고 밖에 나가는데 난생 처음 듣는 벌레 소리가 들려왔습니다.

파브르는 살금살금 소리가 들려오는 풀숲으로 가까이 다가갔습니다. 하지만 발소리를 들은 모양인지 그 아름다운 소리는 뚝 그치고 말았습니다.

이튿날도 그 이튿날도 파브르는 그 풀숲으로 갔습니다.

그리고 여러 날이 지난 다음에야 ㉠그 소리의 주인공을 보게 되었습니다.

"어! 이 녀석은 메뚜기같이 생겼잖아!"

파브르는 쭈그리고 앉아 그 곤충을 오랫동안 들여다보았습니다.

'그런데 소리는 어떻게 해서 내는 것일까?'

입에서 소리가 나는 것 같지는 않았습니다. ㉡유심히 살펴보니 다리를 옆구리에 비벼 소리를 내는 것이었습니다.

'매미도 이렇게 소리를 만드는 걸까?'

파브르는 궁금증이 풀릴 때까지 관찰을 포기하지 않았습니다. 파브르는 아흔두 살이란 오랜 세월을 사는 동안 한 번도 그때 기억을 잊은 적이 없다고 합니다. 그 벌레가 베짱이라는 것은 훨씬 커서야 알았다고 했습니다. 베짱이가 어떤 방법으로 소리를 내는지를 알아낸 소년 파브르의 기쁨은 너무나 컸습니다.

1 ㉠과 같이 파브르가 벌레를 볼 수 있었던 것과 관계없는 것은 무엇인가요?

① 집념   ② 호기심   ③ 관찰력

④ 애국심   ⑤ 꾸준함

2 ㉡과 뜻이 통하도록 바꾸어 쓸 수 있는 낱말은 무엇인가요?

① 대충   ② 살짝   ③ 자세히

④ 꾸준히   ⑤ 슬며시

3 파브르가 소리를 내던 곤충을 관찰하고 나서 알게 된 것은 무엇인지 모두 고르세요.

① 날개가 아름답다.

② 색깔이 화려하다.

③ 메뚜기처럼 생겼다.

④ 작은 벌레를 잡아먹고 산다.

⑤ 다리를 옆구리에 비벼서 소리를 낸다.

4 다음 낱말의 뜻을 국어사전에서 찾아 써 보세요.

(1) 회상: _____

(2) 습관: _____

(3) 난생: _____

5 파브르가 어린 시절에 발견한 메뚜기같이 생긴 곤충은 무엇이었나요?

_____

◯ 다음 글을 읽고 물음에 답해 보세요.

세계적인 곤충학자 파브르 ⑤

앙리도 공부를 해야 할 나이가 되었습니다. 그러나 할아버지와 할머니는 글을 읽지도 쓰지도 못했기 때문에 파브르에게 글을 가르쳐 줄 수가 없었습니다.

"우리 앙리만은 글을 모르는 시골 농사꾼으로 만들 수 없어! 집은 가난해도 앙리를 학교에 보내야지."

아버지는 입버릇처럼 이렇게 말했습니다. 그래서 앙리가 일곱 살이 되던 해에 앙리를 학교에 보냈습니다.

헛간 한 쪽을 교실로 쓰고 있던 그 학교에 선생님이라고는 피에르 씨 한 분밖에 없었습니다. 게다가 피에르 선생은 이 마을에 하나밖에 없는 선생님이자 이발사였으며 또한 교회의 종 치는 일까지 맡고 있었습니다. 그러니 그런 분위기에서 교육이 제대로 이루어질 리가 없었습니다.

어느 날 앙리의 아버지는 장에 갔다가 커다란 괘도를 사 가지고 돌아오셨습니다. 앙리는 그것을 보고 눈이 휘둥그레졌습니다. 그 괘도에는 여러 가지 동물들이 그려져 있고 그 이름도 적혀 있었습니다. 앙리는 아버지가 사다 준 괘도를 읽어 나갔습니다.

앙리가 이렇게 차츰 글 읽는 방법을 터득하자, 아버지는 『라 퐁텐느 우화집』을 사다 주셨습니다. 앙리는 밤에도 그 책을 안고 잘 정도로 좋아했습니다.

1 파브르의 아버지가 파브르를 학교에 보낸 까닭은 무엇인가요?
① 할아버지가 학교 선생님이셔서
② 농사짓는 기술을 배우게 하려고
③ 친구들을 많이 사귈 수 있게 하려고
④ 글을 배워 훌륭한 사람이 되게 하려고
⑤ 할머니와 할아버지에게 글을 가르치게 하려고

2 이 글에서 알 수 있는 사실이 아닌 것은 무엇인가요?
① 앙리네 집은 무척 가난했다.
② 앙리는 학교 공부를 무척 잘했다.
③ 앙리는 『라 퐁텐느 우화집』을 무척 아꼈다.
④ 앙리의 아버지는 자녀 교육에 관심이 많았다.
⑤ 앙리는 아버지께서 사 오신 괘도에 관심을 가졌다.

3 앙리의 아버지와 한석봉의 어머니의 공통점은 무엇인지 생각해서 써 보세요.

_____

4 어린 시절 앙리의 아버지가 앙리에게 사다 주신 것을 모두 고르세요.
① 종   ② 괘도   ③ 동물
④ 우화집   ⑤ 농사 기구

○ 다음 글을 읽고 물음에 답해 보세요.

세계적인 곤충학자 파브르 ❻

앙리의 집은 가난에 시달리다 못해, 결국 생레옹 마을을 떠나 로데스라는 큰 읍으로 이사를 갔습니다. 그곳에 가서 아버지는 음식점을 차렸지만 장사가 신통치 않아 가난하기는 마찬가지였습니다. 그러면서도 아버지는 자식의 교육에 관심이 많아 앙리를 마을에 있는 학교에 보냈습니다.

그 학교에서는 합창단에 가입하려는 희망자가 없었기 때문에 합창단에 들어오는 학생에게는 수업료를 받지 않았습니다. 가난한 아버지는 앙리를 합창단에 들어가게 하였습니다. 그렇게 해서라도 아버지는 앙리를 학교에 보내 공부를 시키고 싶었던 것입니다.

수줍음을 많이 타는 앙리에게는 노래를 부른다는 게 여간 고역이 아니었습니다. 지독히 노래를 못 부르던 앙리는 여럿이 합창을 할 때 그저 ㉠입만 벙긋벙긋할 따름이었습니다. 그러나 앙리는 남들보다 훨씬 공부를 잘하는 우등생으로 ㉡소문이 나 있었습니다.

하지만 앙리는 곤충을 마음대로 관찰할 수 있는 목장에 나가 노는 것이 더 좋았습니다.

"목장의 나무들은 잎이 푸르러 무성해졌을 거야. 그 주위에는 수많은 날벌레들이 날고 땅에는 쇠똥구리와 메뚜기들이 기어 다니고 있을 거야."

학교가 쉬는 날이면 앙리는 ㉢어김없이 목장으로 달려갔습니다.

1 앙리가 합창단에 들어가게 된 까닭은 무엇인가요?
  ① 앙리가 노래 부르는 것을 너무 좋아했기 때문에
  ② 앙리가 노래하는 모습을 아버지께서 좋아하셔서
  ③ 앙리와 가장 친한 친구가 합창단에 들었기 때문에
  ④ 합창단의 아이들은 곤충 채집을 자주 나가기 때문에
  ⑤ 합창단 학생은 수업료를 안 내고 학교에 다닐 수 있기 때문에

2 ㉠은 어떤 의미인가요?
  ① 말을 할 수 없었다.
  ② 목청껏 노래를 불렀다.
  ③ 입을 크게 벌리고 노래를 불렀다.
  ④ 환하게 웃는 얼굴로 노래를 불렀다.
  ⑤ 소리를 내지 않고 입 모양만 맞추었다.

3 ㉡의 '소문'과 관계있는 속담을 써 보고, 그 속담이 어떤 경우에 쓰이는지도 써
  보세요.

  _____

  _____

4 '몹시 힘들고 괴로운 일.'이라는 뜻에 해당하는 낱말을 글에서 찾아 써 보세요.

  _____

5 ㉢과 바꾸어 쓸 수 있는 말은 무엇인가요?
  ① 결코   ② 부디   ③ 오히려   ④ 반드시   ⑤ 무심코

○ 다음 글을 읽고 물음에 답해 보세요.

세계적인 곤충학자 파브르 ⑦

어느덧 앙리가 로데스로 이사 온 지도 5년이 지났습니다. 장사가 신통치 않아 앙리네 가족은 여전히 가난에서 벗어나지 못했습니다. 결국 앙리네 가족은 다시 보따리를 짊어지고 이웃 마을 툴루스로 이사를 갔습니다. 그러나 여기서도 장사에 실패한 아버지는 식구들을 이끌고 다시 몽페리에라는 마을로 이사를 갔습니다.

하지만 몽페리에라는 ㉠작은 도시에서도 가난은 면할 수가 없었습니다. 결국 앙리의 가족은 뿔뿔이 흩어질 운명에 처했습니다.

앙리에게 고독하고 고달픈 나날이 시작된 것입니다.

앙리는 ㉡길거리에서 레몬을 팔았습니다. 그런가 하면 철로 공사장에서 힘든 곡괭이질도 하였습니다.

하지만 앙리는 밥을 굶고 추위에 떨면서도 책을 사서 읽으며 공부에 대한 미련을 버리지 않았습니다.

1 ㉠의 내용에 해당하는 속담은 무엇인가요?
　① 한술 밥에 배부르랴
　② 두부 먹다 이 빠진다
　③ 호랑이도 제 말 하면 온다
　④ 가난 구제는 나라도 못 한다
　⑤ 가는 말이 고와야 오는 말이 곱다

2 앙리가 ㉡과 같이 힘든 나날을 보내야 했던 까닭은 무엇인가요?

　_____

3 이 글에서 앙리의 가족들이 이사한 곳을 찾아 차례대로 빈칸에 써 보세요.

　• 생레옹 → _____ → 툴루스 → _____

4 앙리의 가족들은 몽페리에서 어떤 운명에 처하게 되었나요?

　_____

5 앙리가 몽페리에로 이사 온 후 한 일이 아닌 것은 무엇인가요?
　① 밥을 굶고 추위에 떨었다.
　② 길거리에서 레몬을 팔았다.
　③ 고독하고 고달픈 나날을 보냈다.
　④ 공부는 하지 않고 곤충하고만 놀았다.
　⑤ 철로 공사장에서 힘든 곡괭이질을 하였다.

● 다음 글을 읽고 물음에 답해 보세요.

세계적인 곤충학자 파브르 ❽

"용기를 내라! 희망을 가져라!"

앙리는 스스로 용기와 희망을 가져야겠다고 외쳤습니다.

앙리 파브르는 『곤충기』를 쓰면서 ㉠그 시절을 이렇게 회상했습니다.

㉡"나는 설사 난파선의 뗏목 위에서 며칠을 굶어 쓰러져 갔어도 아마 곤충들을 잊지 못했을 것이다."

하루 벌어 하루 끼니를 때우던 그 시절, 그는 기회만 생기면 곤충이나 식물들을 살펴보았습니다. 열여섯 살이 된 앙리는 무료로 먹고 잘수 있고 게다가 공부도 할 수 있는 사범 학교 장학생 모집에 응시하였습니다. 앙리는 자신의 공부에 대한 열정을 실현시키고 싶었습니다.

'어쩐다지. 남들처럼 열심히 공부한 것도 아니고, 꼴찌로라도 합격한다면 좋겠는데.'

그러나 합격자 명단을 본 앙리 파브르는 깜짝 놀랐습니다. 눈을 비비고 다시 한번 보았습니다.

1 ㉠이 가리키는 것은 언제인가요?
   ① 목장에 나가 놀던 시절   ② 사범 학교에 다니던 시절
   ③ 합창단에서 노래 부르던 시절   ④ 할아버지 댁에서 지내던 시절
   ⑤ 가난과 힘든 일로 고달프던 시절

2 ㉡에서 알 수 있는 것은 무엇인가요?
   ① 파브르의 성품   ② 파브르의 애국심
   ③ 파브르의 곤충 사랑   ④ 파브르의 어린 시절
   ⑤ 파브르의 가족 사랑

3 앙리는 왜 사범 학교에 응시했나요?
   ① 선생님의 추천을 받아서
   ② 곤충 연구를 할 수 있어서
   ③ 할아버지와 함께 지내려고
   ④ 무료로 먹고 자면서 공부할 수 있어서
   ⑤ 어린 시절의 꿈이 교사가 되는 것이어서

4 가난하거나 공부를 잘하여 학비 보조금을 받는 학생을 일컫는 낱말을 이 글에서
   찾아 쓰세요.

   _____

5 합격자 명단을 본 앙리 파브르는 왜 깜짝 놀랐을지 상상하여 써 보세요.

   _____

   _____

● 다음 글을 읽고 물음에 답해 보세요.

세계적인 곤충학자 파브르 ❾

합격자 명단 중에 제일 먼저 앙리 파브르의 이름이 적혀 있었습니다. 앙리는 ㉠이 시험에서 수석으로 합격을 한 것이었습니다.

㉡앙리는 열심히 공부해서 학교를 우수한 성적으로 졸업하였습니다. 그리고 어엿한 공립 학교 선생님이 되었습니다. 앙리 파브르는 자신이 배우지 않은 화학 실험도 책을 보고 스스로 익혀서 학생들을 가르쳤습니다. 그리고 땅을 재는 측량법도 가르치는 등 몸과 마음을 다해 일했습니다.

1844년 10월 3일, 파브르가 스물한 살이 되던 해에 그는 마리 선생님과 결혼을 하였습니다. 그리고 이듬해에 나폴레옹의 고향인 코르시카 섬의 중학교 물리학 선생님으로 갔습니다. 코르시카 섬은 모든 생물들의 집합소였습니다. 앙리는 이곳에서 훗날 곤충을 연구하게 될 터전을 마련한 것입니다.

1   ㉠이 가리키는 '시험'은 무엇인가요?
   ① 중간고사   ② 취직 시험   ③ 쪽지 시험
   ④ 입학 시험   ⑤ 졸업 시험

2   ㉡을 이어 주는 말을 사용해 두 문장으로 나누어 보세요.

   _____

   _____

3   다음 문장을 시간과 장소가 나타나게 다시 써 보세요.

   • 파브르는 중학교 선생님으로 갔다.

   → _____

4   앙리는 어떻게 공립 학교 선생님이 되었나요?
   ① 운이 좋아서
   ② 아는 사람의 소개로
   ③ 교장 선생님의 추천으로
   ④ 다른 선생님과 결혼하여서
   ⑤ 열심히 공부해 우수한 성적으로 졸업해서

5   파브르가 훗날 곤충을 연구하게 될 터전을 마련한 곳은 어디였나요?

   _____

◯ 다음 글을 읽고 물음에 답해 보세요.

세계적인 곤충학자 파브르 ❿

1855년 그의 나이 서른두 살 때, 학계에 처음으로 곤충에 관한 논문을 발표했습니다. 최고 학술 단체인 프랑스 학사원에서는 ㉠이 논문의 우수성을 인정하여 파브르에게 상을 주었습니다. 하지만 가난은 항상 그를 따라다녔습니다.

㉡'어떻게 하면 이 가난을 벗어날 수 있을까?'

가난에서 벗어나야겠다는 생각을 할 때면 그는 머리가 복잡해졌습니다. 그러다가 꼭두서니라는 나무에서 물감을 빼내면 돈을 벌 수 있겠다는 생각이 언뜻 들었습니다. 하지만 불행하게도 파브르는 꼭두서니 생산에 대한 연구를 중단하지 않을 수 없었습니다. 왜냐하면 독일 사람이 한 발 앞서 꼭두서니 나무에서 빨간 물감을 얻어 내는 데 성공했기 때문이었습니다.

이즈음부터 파브르는 유명한 『곤충기』를 쓰기 시작했습니다. 그의 나이는 이미 쉰네 살이었습니다. 곤충기를 쓰는 동안 그는 아들과 부인을 잃었습니다. 하지만 그런 슬픔도 『곤충기』를 쓰면서 달랬습니다.

1 ㉠의 '이 논문'은 무엇에 관한 논문인가요?

　① 우주　　　　② 식물　　　③ 곤충　　　④ 화학　　　⑤ 물리학

2 파브르가 꼭두서니 연구를 중단할 수밖에 없었던 이유는 무엇인가요?

　① 연구를 할 장소가 없어서

　② 연구를 도와줄 사람이 없어서

　③ 『곤충기』를 쓰는 일이 더 중요해서

　④ 연구를 하는 데 필요한 재료가 없어서

　⑤ 다른 사람이 먼저 연구에 성공을 거둬서

3 『곤충기』를 쓸 때 파브르에게 일어난 일은 무엇인가요?

　① 아들과 부인을 잃었다.　　　　② 아버지께서 돌아가셨다.

　③ 꼭두서니 생산에 성공했다.　　④ 장사를 해서 돈을 많이 벌었다.

　⑤ 프랑스 학사원에서 상을 받았다.

4 ㉡에 대한 해결 방안을 상상하여 써 보세요. (파브르에게 보내는 편지 형식으로 쓰세요.)

_____

_____

_____

_____

_____

○ 다음 글을 읽고 물음에 답해 보세요.

세계적인 곤충학자 파브르 ⑪

그가 그토록 심혈을 기울인 『곤충기』가 10권으로 완성된 것은 1907년으로, 파브르가 여든네 살이 되던 해였습니다. 세계적인 이 명작은 무려 30년에 걸쳐 완성된 것입니다.

프랑스 학사원에서는 파브르에게 주네르상을 주었습니다. 그러나 일반 국민들은 이 책에 흥미가 없었기 때문에 그는 여전히 궁핍한 생활을 해야만 했습니다.

그러나 파브르의 집념이 끝까지 어둠에 가린 채 버려지진 않았습니다. 수많은 사람들은 1910년 4월 3일을 '파브르의 날'로 기념하여 ㉠그의 업적을 칭송하며 그를 위로해 주었기 때문입니다.

파브르가 아흔두 살이 되던 해 가을, 그는 요도증이란 병에 걸려 의식이 점점 희미해졌습니다. 그는 자신이 평생 동안 연구해 온 곤충들을 기억하며 고요히 ㉡숨을 거두었습니다.

1 『곤충기』에 들어갈 내용과 거리가 먼 것은 무엇인가요?

   ① 벌의 습성   ② 매미의 먹이   ③ 메뚜기의 습성

   ④ 매미의 성장 과정   ⑤ 물푸레나무의 쓰임

2 파브르가 학사원에서 상을 받고도 궁핍한 생활에서 벗어날 수 없었던 까닭은 무
   엇인가요?

   ① 상금이 너무 적었기 때문에

   ② 책을 출판하지 않겠다고 고집을 피워서

   ③ 상금을 곤충 연구에 모두 써 버렸기 때문에

   ④ 상금을 가난한 사람들에게 나누어 주었기 때문에

   ⑤ 일반인들은 『곤충기』라는 책에 관심이 없었기 때문에

3 ㉠이 말하는 파브르의 업적은 무엇인가요?

   _____

4 이 글의 내용과 일치하지 않는 것은 무엇인가요?

   ① 파브르는 요도증에 걸려 목숨을 잃었다.

   ② 1910년 4월 3일을 '파브르의 날'로 정했다.

   ③ 파브르의 『곤충기』는 모두 10권으로 이루어졌다.

   ④ 파브르는 아흔두 살이 되던 해 가을에 숨을 거두었다.

   ⑤ 파브르는 주네르상을 받고 나서야 가난에서 벗어날 수 있었다.

5 ㉡을 다른 표현으로 바꾸어 써 보세요.

   _____

6 다음 시간의 흐름에 따라 바뀐 내용을 써 보세요.

(1) 앙리의 어린 시절: _____

(2) 일곱 살 되던 해: _____

(3) 열여섯 살 되던 해: _____

(4) 1844년: _____

(5) 1845년: _____

(6) 1855년: _____

(7) 1907년: _____

(8) 1910년: _____

(9) 아흔두 살 되던 해: _____

심화 학습

7 전기문 「세계적인 곤충학자 파브르」를 읽고 줄거리와 느낌, 새롭게 알게 된 사실이나 교훈을 독서 감상문 형식으로 써 보세요.

_____

_____

_____

_____

_____

_____

_____

_____

◆ 논술 한마당: 비교와 대조를 통해 공통점과 차이점 파악하기

　　1908년 11월 13일 석주명은 평양에서 태어나 고등농림학교를 졸업한 후 모교에서 교편 생활을 하며 나비 연구에 몰두하였다. 또한 표본을 수집하여 미국 박물관과 교환하기도 했다. 100여 편의 나비 관계 연구 논문 중 특히 「배추흰나비의 변이 곡선」은 생물의 분류학이나 측정학상 뛰어난 업적으로 알려져 있다.

　　『조선산접류총목록』은 지금도 나비를 연구하는 학자들에게 많은 도움을 주고 있다.

차이점 찾기 ➤ 대조

(1) 석주명은 어떤 사람인가요?

　　→ _____

　　_____

(2) 파브르는 어떤 사람인가요?

　　→ _____

　　_____

2 공통점 찾기 ➤ 비교

　• 석주명과 파브르의 공통점은 무엇인가요?

　　→ _____

　　_____

○ 다음 글을 읽고 물음에 답해 보세요.

논설문

신재생 에너지를 활용하자 ❶

최근 지구 곳곳에서 폭염, 한파, 폭우, 폭설, 가뭄 등 ㉠<u>이상 기후 현상</u>으로 인한 자연재해와 빙하가 녹는 것 같은 자연 파괴가 급격히 늘어나고 있다. 이러한 현상은 탄소 배출로 인한 온실 효과

▲ 기후 변화로 삶의 터전을 잃어 가는 북극곰

로 일어나는 일이다. 지구 평균 기온은 1850년부터 2016년까지 1℃ 상승하였고, 2020년까지 다시 0.1℃ 상승하였는데, 지구 평균 기온이 지금보다 0.9℃가 더 오르면 여름은 3주 정도 늘어난다고 한다.

지구 평균 기온 상승으로 일어나는 여러 가지 문제를 막기 위하여 전세계 195개 나라는 2015년 파리 기후 변화 협약에서 2100년까지 지구 평균 기온 상승을 1.5℃ 이하로 제한하기로 합의하였다. 이것을 지키기 위해 각 나라에서는 탄소가 발생하는 화석 연료의 사용을 줄이고, 탄소가 발생하지 않는 신재생 에너지의 활용을 늘리고 있다. 우리나라도 다양한 신재생 에너지를 활용하고 있지만 지금보다 더 적극적으로 신재생 에너지의 활용을 늘려야 한다. 지금부터 우리가 활용해야 할 신재생 에너지에 대해 알아보도록 하자.

🔍 **신재생 에너지**: 신 에너지와 재생 에너지를 합하여 이르는 말로, 수소나 산소의 화학 반응, 햇빛, 물, 지열, 바람 등을 이용한 에너지를 이름.

1 이 글을 쓴 목적은 무엇인가요?
   ① 자연재해의 무서움을 알리려고
   ② 기후 변화의 심각성을 알리려고
   ③ 세계의 다양한 기후를 설명하려고
   ④ 다양성을 인정하자는 주장을 하려고
   ⑤ 신재생 에너지를 적극적으로 활용하자는 주장을 하려고

2 ㉠에 해당하는 내용이 아닌 것은 무엇인가요?
   ① 폭염   ② 한파   ③ 가뭄
   ④ 폭설   ⑤ 지진

3 이 글의 내용을 자세히 살펴보고 글에서 말하는 문제의 원인이 무엇인지 빈칸에
   알맞은 말을 이 글에서 찾아 써넣으세요.

   • 화석 연료 → 탄소 발생 → (   ) → 이상 기후 → 자
     연 파괴와 재해

4 지구의 평균 기온이 지금보다 0.9℃ 높아졌을 때 일어나는 변화는 무엇이라고
   하였나요?

   _____

5 화석 연료와 비교했을 때 신재생 에너지의 장점은 무엇이라고 하였나요?

   _____

◯ 다음 글을 읽고 물음에 답해 보세요.

신재생 에너지를 활용하자 ❷

▲ 태양광 에너지

우리가 흔히 알고 있는 신재생 에너지 가운데에는 태양광 에너지와 태양열 에너지가 있다. 태양광 에너지는 태양에서 나오는 빛 에너지를 모아 전기로 바꾸는 것으로, 이 시스템은 몸에 나쁜 공해를 만들지 않고, 연료도 필요 없으며 소리도 나지 않아 조용하다. 태양광 에너지는 쉽게 설치할 수 있고 오랫동안 사용할 수 있다는 장점도 있다. 한편 태양에서 나오는 열 에너지를 바로 사용하거나 한꺼번에 모아 사용함으로써 집을 따뜻하게 하고 물을 데우는 데 사용하는데, 이것이 태양열 에너지이다.

풍력 발전은 바람의 힘을 이용한 것이다. 바람이 풍차의 날개를 돌리면 날개는 발전기에 연결되어 전기를 생산하고, 생산된 전기는 바로 사용하거나 전선 망을 이용하여 전기가 필요한 곳으로 보내 준

▲ 풍력 발전

다. 우리나라는 바람이 많이 부는 산이나 해안선이 긴 바다가 있어 풍력 발전을 설치할 경우 많은 전기를 생산할 수 있다. 산이 깊은 지역이나 바닷가를 여행할 때 종종 거대한 모양의 풍차가 도는 것을 볼 수 있는데, 그것들이 바로 풍력 발전을 하는 모습이다.

공부한 날   월   일

1 글 ❷에서 말하는 신재생 에너지가 아닌 것을 두 가지 고르세요.

① 풍력 발전   ② 조력 발전   ③ 원자력 발전

④ 태양광 에너지   ⑤ 태양열 에너지

2 태양광 에너지의 장점이 아닌 것은 무엇인가요?

① 조용하다.   ② 쉽게 설치할 수 있다.

③ 연료가 많이 필요하다.   ④ 오랫동안 사용할 수 있다.

⑤ 몸에 나쁜 공해를 만들지 않는다.

3 태양광 에너지와 태양열 에너지의 차이를 구분하여 보고, 빈칸에 알맞은 낱말을 이 글에서 찾아 써넣으세요.

   • 태양광 에너지는 태양에서 나오는 (   )을 이용하고, 태양열 에너지는 태양에서 나오는 (   )을 이용한다.

4 우리나라에 풍력 발전을 설치할 경우 많은 전기를 생산할 수 있는 까닭은 무엇인가요?

_____

5 풍력 발전에서 전기가 생산되는 원리를 바르게 나타낸 것은 무엇인가요?

① 바람 → 날개 → 발전기 → 전기   ② 발전기 → 날개 → 바람 → 전기

③ 바람 → 전기 → 발전기 → 날개   ④ 전기 → 날개 → 발전기 → 바람

⑤ 날개 → 바람 → 발전기 → 전기

○ 다음 글을 읽고 물음에 답해 보세요.

신재생 에너지를 활용하자 ❸

수력 발전은 물의 힘을 이용하여 전기를 만드는 것을 말하는데, 산간벽지의 작은 하천이나 폭포수의 낙차를 이용한 발전 방식은 소수력 발전이라고 한다. 우리 나라에는 1982년 이후 정부

▲ 괴산 수력발전소(사진: 공공누리)

의 지원으로 삼십여 개 지역에 설치되어 있다. 2007년에 설치된 '광양 소수력발전소'의 경우 연간 3000여 톤의 이산화 탄소를 줄이는 효과가 있다고 한다.

지열과 수열 에너지를 이용하는 방법도 있다. 땅속의 온도는 사계절 내내 거의 변하지 않기 때문에 겨울에는 땅 위보다 따뜻하고, 여름에는 땅 위보다 시원하다. 이러한 점을 이용해 여름에는 땅속으로부터 시원한 온도를 가져와 시원하게 해 주고, 겨울에는 따뜻한 온도를 가져와 따뜻하게 해 주는 것이 지열 에너지이다. 반면 수열 에너지는 바닷물이나 하천에 흐르는 물의 온도를 이용하여 냉난방에 활용하는 기술이다.

해양 에너지는 바다에서 발생하는 에너지이다. 밀물과 썰물 때 물의 깊이가 달라지는 현상을 이용한 조력 발전이 대표적이고, 파도가 치는 힘을 이용하거나 바닷속과 바다 표면의 온도 차를 이용하여 전기를 생산하는 방법도 있다.

1 수력 발전에 대한 설명으로 바른 것은 무엇인가요?

① 물의 힘을 이용한다.

② 밀물과 썰물을 이용한다.

③ 작은 하천에는 설치할 수 없다.

④ 이산화 탄소를 많이 발생시킨다.

⑤ 우리나라에는 아직 설치되어 있지 않다.

2 지열 에너지를 이용해서 냉난방을 할 수 있는 까닭은 무엇인지 쓰세요.

_____

_____

3 바닷물이나 하천에 흐르는 물의 온도를 이용하여 냉난방에 활용하는 기술을 무엇이라고 하나요?

_____

4 조력 발전이 무엇인지 빈칸에 알맞은 낱말을 이 글에서 찾아 써넣으세요.

• (   )과 썰물 때 물의 (   )가 달라지는 현상을 이용하여
  전기를 생산하는 방식이다.

5 이 글에서 예로 든 다양한 신재생 에너지를 활용하는 까닭을 짐작할 수 있는 말을 찾아 쓰세요.

_____

● 다음 글을 읽고 물음에 답해 보세요.

신재생 에너지를 활용하자 ❹

수소는 지구에서 가장 가벼운 기체로, 색, 맛, 냄새가 없고 산소와 결합한 물처럼 다른 것과 결합된 상태로 지구상에 대량으로 존재한다. 수소는 공기 중의 산소와 반응하여 발생한 열을 에너지로 사용하거나, 열을 발생시키지 않고 직접 전기를 생산하는 장치인 연료 전지의 연료로 쓰인다. 수소는 다양한 분야에서 오랜 기간 동안 안전하게 사용되어 온 만큼 다른 연료와 비교해도 안전하고 고갈될 염려가 없으며 깨끗한 것이 가장 큰 장점이다.

이 외에도 살아 있는 생물체로부터 생겨나는 에너지를 이용하는 바이오 에너지, 버리는 제품이나 쓰레기 등을 연료로 만들거나 소각하여 에너지로 만드는 폐기물 에너지 등도 신재생 에너지로 활용될 수 있다.

화석 에너지의 고갈 문제와 탄소 배출에 따른 환경 문제로 신재생 에너지의 활용은 더욱 중요해지고 있다. 뿐만 아니라 신재생 에너지를 개발하고 활용하는 산업은 우리나라가 더 큰 성장을 할 수 있는 계기가 될 수 있다. 물론 앞서 살펴본 여러 가지 신재생 에너지는 가격이나 기술 면에서 아직 보완해야 할 점들도 있다. 하지만 환경 문제를 해결하고 국가의 산업 성장을 위해서 가야 할 길은 바로 신재생 에너지를 적극적으로 활용하는 것이다.

▲ 한국 에너지 공단의 신재생 에너지 마크

1 수소를 에너지로 활용할 때의 좋은 점을 모두 고르세요.

① 안전하다.   ② 깨끗하다.   ③ 가격이 비싸다.

④ 기술이 간단하다.   ⑤ 고갈될 염려가 없다.

2 수소의 특징은 무엇인지 찾아 쓰세요.

_____

_____

3 이 글에 나타난 에너지의 종류와 그 특징을 찾아 바르게 선으로 이으세요.

(1)   풍력 에너지   •   • ①   땅속의 온도

(2)   지열 에너지   •   • ②   생물체

(3)   해양 에너지   •   • ③   바람의 힘

(4)   바이오 에너지   •   • ④   바다에서 발생하는 에너지

4 이 글에서 주장하는 내용은 무엇인지 쓰세요.

_____

심화 학습

5 자신이 신재생 에너지를 개발한다면 어떤 종류를 만들고 싶은지 떠올려 그 까닭과 함께 써 보세요.

_____

_____

🔖 문장의 의미 알기

◯ 문장 속의 어떤 표현들은 그 말 뜻 이외에 다른 의미를 지니고 있는 경우가 있습니다. 다음 문장에서 밑줄 친 부분의 의미가 무엇인지 쓰세요.

> **보기** 삼촌은 운동복을 입고 멋진 구두를 신었다. 그 모습이 꼭 '돼지 목에 진주 목걸이' 같았다.
>   → 전혀 어울리지 않았다.

1 은서는 엄마가 사 주신 반지를 냇물에 빠뜨렸다. 은서가 그것을 찾으려고 냇물 바닥을 뒤지니까 옆에 있던 지율이가 "그건 덤불 속에서 바늘을 찾는 것과 같아." 라고 말했다.

 →

2 내가 지우의 잘못을 나무라자 지우의 얼굴은 홍당무가 되었다.

 →

3 유주 아버지의 생명은 바람 앞의 촛불이었다.

 →

4 나은이는 성미가 급해서 모든 일을 번갯불에 콩 볶아 먹듯이 한다.

 →

5   서우는 우물에서 숭늉을 찾는 아이이다.

   → _____

6   저금통을 열어 보니 티끌 모아 태산이었다.

   → _____

7   우리 선생님은 토끼와 호랑이의 양면을 다 가지고 계신다.

   → _____

8   우리 어머니는 신사임당 같으시다.

   → _____

9   내 동생은 꼭 백설 공주 같다.

   → _____

10   윤서는 꼬마 에디슨 같은 면이 있다.

   → _____

11   옆집 아주머니는 마치 따발총처럼 말하신다.

   → _____

12   예서에게 전기를 절약하라고 말하는 것은 쇠귀에 경 읽기이다.

   → _____

◆ 상상하여 이어 쓰기

◎ 다음 글을 읽고 물음에 답해 보세요.

지혜는 황금보다 낫다

어느 날, 한 장사꾼과 대장장이 사이에 논쟁이 벌어졌습니다.

재물과 지혜 중 어느 것이 더 중요한가 하는 것이었습니다. 장사꾼이 먼저 말했습니다.

"만약 자네가 입에 풀칠조차 할 수 없을 정도로 가난하다면 아무리 지혜가 있다 한들 무슨 소용이 있겠나?"

대장장이가 대답했습니다.

"하지만 금덩이가 어찌 바보를 도울 수 있겠나! 지혜만 있으면 금이 없어도 방법이 나오는 법이네!"

장사꾼은 발끈 화를 내며 말했습니다.

"허튼소리 좀 그만하게! 우리 그럼 내기를 해 보자고! 만약 자네의 지혜가 황금보다 낫다는 것이 증명되면 내가 자네에게 돈 천 냥을 주고, 만약 그렇지 못하면 자네가 나의 머슴이 되어야 하네. 알겠나?"

대장장이는 동의하였습니다.

1 여러분은 누구의 말이 더 옳다고 생각하나요? 또 그렇게 생각하는 이유를 써 보세요.

2 대장장이와 장사꾼 중에서 내기에서 이긴 사람은 누구일까요? 그리고 어떻게 해서 내기에서 이기게 되었을지 상상하여 뒷이야기를 이어 써 보세요.

◆ 논술 한마당: 간결한 문장 쓰기

◯ 다음 보기와 같이 긴 문장을 짧고 뜻이 통하는 여러 문장으로 나누어 써 보세요.

> **보기**
> 우리 가족은 일요일이면 등산을 가서 맑은 공기를 맘껏 들이켜고, 큰 소리로 야호를 외치기도 하며, 약수터에서 맛있는 약수를 마시며 지내는데 그러다 보면 일요일 하루가 훌쩍 지나간다.
>
> → 우리 가족은 일요일이면 등산을 간다. 산에서 맑은 공기를 맘껏 들이켜고, 큰 소리로 야호도 외친다. 그리고 약수터에서 맛있는 약수도 마신다. 그러다 보면 일요일 하루가 훌쩍 지나간다.

1 나는 학교에 갔다 오자마자 컴퓨터 앞에 앉고 나서 오락을 시작하는데 동생이 자꾸 컴퓨터를 만져서 짜증이 날 때마다 동생의 머리를 한 대 쥐어박아 주면 동생은 쪼르르 달려가서 엄마한테 이르고 만다.

→ _____

_____

_____

2 내 동생은 유치원에 다니고 나를 무척 따르는 착한 동생이라서 가끔 장난감도 사 주는데 그럴 때마다 활짝 웃는 모습이 무척 예쁜 동생이다.

→ _____

_____

_____

기탄국어

학습 관리표

	1일	2일	3일	4일	5일	이번 주는?
금주평가	Ⓐ 아주 잘함	Ⓐ 아주 잘함	Ⓐ 아주 잘함	Ⓐ 아주 잘함	Ⓐ 아주 잘함	•학습 방법 ❶ 매일매일 ❷ 가끔 ❸ 한꺼번에 하였습니다.
	Ⓑ 잘함	Ⓑ 잘함	Ⓑ 잘함	Ⓑ 잘함	Ⓑ 잘함	•학습 태도 ❶ 스스로 잘 ❷ 시켜서 억지로 하였습니다.
	Ⓒ 보통	Ⓒ 보통	Ⓒ 보통	Ⓒ 보통	Ⓒ 보통	•학습 흥미 ❶ 재미있게 ❷ 싫증 내며 하였습니다.
	Ⓓ 부족함	Ⓓ 부족함	Ⓓ 부족함	Ⓓ 부족함	Ⓓ 부족함	•교재 내용 ❶ 적합하다고 ❷ 어렵다고 ❸ 쉽다고 하였습니다.

지도 교사가 부모님께	부모님이 지도 교사께

종합 평가 Ⓐ 아주 잘함   Ⓑ 잘함   Ⓒ 보통   Ⓓ 노력해야 함

원
교   반   이름

기초부터 탄탄하게 기탄교육

학습 내용

H단계 221a-240b

◉ 다음 글을 읽고 물음에 답해 보세요.

일기

다윤이의 일기

20△△년 5월 12일 금요일 날씨: 맑음

청군 이겨라
백군 이겨라

하늘을 찌르는
아이들의 응원 소리

캥거루도 같이 뛰자
타조도 같이 뛰자

바통 쥐고 땅을 차며
앞만 보고 뛰어가자

천둥 치는 함성 소리
내 심장도 따라
쿵쾅쿵쾅

1 이 일기의 특징은 무엇인가요?
① 하루 일을 반성하며 썼다.
② 하루 일을 동시 형식으로 썼다.
③ 대화 글을 넣어 실감 나게 썼다.
④ 하루 일을 시간의 순서대로 썼다.
⑤ 하루 일을 장소가 바뀌는 순서로 썼다.

2 이 일기로 보아 20△△년 5월 12일은 무슨 날이었나요?

_____

3 이 글의 3연과 4연은 어떤 운동 경기를 표현한 것인가요?
① 고싸움　　　　② 줄다리기　　　　③ 축구 경기
④ 이어달리기　　　⑤ 박 터뜨리기

4 이 일기에 등장하는 소리가 아닌 것 두 가지는 무엇인가요?
① 총소리　　　　② 천둥소리　　　　③ 함성 소리
④ 응원 소리　　　⑤ 심장 박동 소리

5 운동회 때 하는 경기에는 어떤 것들이 있는지 생각나는 대로 써 보세요.

_____

6   이 일기의 글감은 무엇인가요?

_____

심화 학습
7   이 일기를 줄글로 고쳐 써 보세요.

_____

_____

_____

_____

_____

_____

_____

_____

_____

_____

_____

_____

_____

_____

_____

○ 다음 글을 읽고 물음에 답해 보세요.

기행문

백제의 도읍지 부여 ❶

　선생님께서 각 모둠별로 우리 고장을 답사하고 기행문을 써 오라는 숙제를 내 주셨다. 우리 모둠은 모두 네 명인데, 대학생인 언니가 보호자로 따라 나서 주었다.

　우리는 일요일 아침에 모여 백제의 마지막 도읍지였던 부여로 가는 버스를 탔다.

　우리가 사는 공주에서 40분 거리에 있는 부여는 많은 백제의 유적과 유물을 가지고 있는 작은 도시였다. 지도에서 부여를 찾아 보니 부여는 동북쪽에서 서남쪽으로 뻗은 차령산맥이 끝나는 곳에 위치해 있었다. 그래서인지 비교적 높고 험한 산이 적은 편이었다. 또한 동북쪽에서 흘러 내려오는 금강이 있어서 이 지역 주민들에게 많은 도움이 되고 있다고 한다.

1 여행의 동기는 무엇인가요?

_____

2 이 글에 나타나 있지 <u>않은</u> 것은 무엇인가요?
① 여행의 동기   ② 여행의 목적지
③ 여행에 대한 기대   ④ 여행지로 가는 교통편
⑤ 여행지에 대한 간단한 소개

3 다음 빈 곳을 알맞게 채워 보세요.
(1) 출발지: _____
(2) 목적지: _____
(3) 소요 시간: _____

4 부여에 대한 기본적인 지식을 미리 알고 가려고 합니다. 어떤 방법을 통해 알 수
있을까요?

_____

_____

_____

5 이 글에 나타나 있는 부여에 대한 설명과 <u>다른</u> 것은 무엇인가요?
① 백제의 마지막 도읍지였다.
② 높고 험한 산이 적은 편이다.
③ 공주에서 40분 거리에 있는 작은 도시였다.
④ 한강이 있어서 지역 주민들에게 많은 도움이 되고 있다.
⑤ 동북쪽에서 서남쪽으로 뻗은 차령산맥이 끝나는 곳에 위치해 있다.

○ 다음 글을 읽고 물음에 답해 보세요.

백제의 도읍지 부여 ②

(가)
우리는 부여에서 ㉠이상한 모습을 볼 수 있었다. 그것은 고층 건물이 거의 없고 5층 이하의 건물들만 있다는 것이다. 너무 신기해 지나가는 어른들께 여쭈어보고 나서 ㉡그 이유를 알게 되었다. 백제의 옛 도시인 만큼 역사적인 유적지나 부여의 전체적인 균형을 위해 5층 이상의 건물을 못 짓게 한다고 한다.

우리는 잘 이해할 수 없었지만 백제의 문화재를 잘 보존하려는 부여 주민들의 숭고한 정신을 느낄 수 있었다.

우리는 맨 처음 부소산을 찾았다. 부소산에는 유명한 유적지가 많이 있기 때문이다.

부소산에는 부소산성이 있는데 부소산성은 영일대와 영일루, 군창지, 반월루, 송월대와 사자루, 낙화암과 백화정, 고란사, 궁녀사 등 크고 작은 건물 등이 많아서 매우 유명한 곳이다. 특히 낙화암은 풍경이 아름다워 부여 10경의 하나라고 한다.

정문에 들어서 처음으로 들른 곳은 삼충사였다.

삼충사는 백제 말의 대표적인 충신인 성충, 흥수, 계백을 모신 곳이었다. 원래 이들 3충신의 위패는 청마산성 내의 의열사에 봉안되어 있었는데, 조선 고종 때 철폐되자 이를 아쉽게 여긴 지방 유지들이 다시 건립하였다고 한다.

🔍 **봉안**: 신주나 초상을 모심.

1 ㉠이 가리키는 '이상한 모습'이란 어떤 모습을 말하나요?

_____

2 ㉡이 가리키는 '이유'는 무엇이었나요?

_____

_____

3 ㈎에서 있었던 일을 써 보세요.

(1) 본 일: _____

(2) 들은 일: _____

(3) 느낀 일: _____

4 부소산을 가장 먼저 찾아간 까닭은 무엇인가요?

① 선생님의 권유로   ② 주민들의 추천으로

③ 우연히 알게 되어서   ④ 유명한 유적지가 많아서

⑤ 가장 가까운 곳에 있어서

5 삼충사는 어떤 곳인가요?

① 고종이 건립한 곳   ② 신라 말의 충신들을 모신 곳

③ 백제 말의 충신들을 모신 곳   ④ 고려 말의 충신들을 모신 곳

⑤ 지방 유지들에 의해서 철폐된 곳

◯ 다음 글을 읽고 물음에 답해 보세요.

백제의 도읍지 부여 ❸

삼충사에 모셔진 성충, 흥수, 계백이 어떤 분들인지 삼충사 안내 표지판에 자세히 적혀 있었다.

먼저 계백 장군은 신라와 당나라가 함께 쳐들어왔을 때 수많은 군사들을 황산벌 싸움에서 크게 물리친 유명한 장군이다.

충신 성충은 백제의 마지막 왕인 의자왕에게 많은 충고를 한 신하다.

그리고 충신 흥수도 성충과 마찬가지로 백제의 앞날을 걱정하던 신하였다. 그는 나라를 구할 여러 가지 계획을 세워 여러 번 왕에게 충고를 하다가 왕의 미움을 사서 ㉠귀향살이를 했던 충신이었다.

성충, 흥수, 계백 이 세 충신들은 백제가 망하는 것을 몹시 슬퍼하며 자신의 목숨을 ㉡바쳐 나라를 구하려 했던 신하들이었다. 그래서인지 삼충사는 부소산의 다른 곳보다 우리들에게 애국심을 더욱 심어 주는 곳 같았다.

◯ 충신: 충성스런 신하.

1 글 ❸은 주로 어떤 내용을 썼나요?
① 한 일
② 한 일과 느낀 일
③ 본 일과 들은 일
④ 본 일과 느낀 일
⑤ 들은 일과 느낀 일

2 삼충사에 모셔진 성충, 흥수, 계백은 어떤 분이었는지를 알 수 있는 낱말을 찾아 보세요.

_____

3 삼충사에서 느낀 점은 무엇인가요?
① 백제에는 충신이 많았다.
② 백제의 왕은 어리석었다.
③ 건물의 모습이 아름다웠다.
④ 충신의 귀양살이가 안타깝다.
⑤ 애국심을 더욱 심어 주는 곳 같았다.

4 ㉠을 맞춤법에 맞도록 고쳐 쓰세요.

_____

5 ㉡을 국어사전에서 찾으려면 어떤 낱말을 찾아야 하나요?
① 바쳐   ② 바치다   ③ 바쳤다   ④ 받혔다   ⑤ 받히다

6 충신 흥수가 귀양살이를 하게 된 이유는 무엇이었나요?

_____

● 다음 글을 읽고 물음에 답해 보세요.

백제의 도읍지 부여 ❹

다음으로 우리가 간 곳은 영일루였다.

영일루는 백제의 임금님이 매일 아침 다락에 올라가 계룡산 연천봉에서 떠오르는 해를 보며 나랏일을 구상하던 곳이라고 한다.

그래서 우리들도 계룡산 쪽을 바라보면서 '임금님은 어떤 생각을 하면서 떠오르는 해를 보았을까?'를 생각해 보았다.

㉠아마도 백성들을 배고프지 않게 해 주고 잘살게 해 주어야겠다는 생각을 했을 것 같았다.

영일루를 지나 조금 더 올라가다 보니 군창지라 불리는 곳이 눈에 띄었다. 부소산성의 동남쪽에 있는 군창지는 백제 때 군대에서 쓸 식량을 비축하는 창고가 있던 곳이다. 1915년에 땅속에서 불에 탄 곡식이 발견되면서 세상에 알려지게 되었다. 이후 조사를 하였더니 백제 때 세워진 창고터를 비롯하여 조선 시대에 지어진 창고터까지 발견되어, 백제 때부터 자리 잡은 이곳의 군창지를 조선 시대에도 다시 이용한 것으로 보인다고 한다. 건물의 배치는 ㅁ 자 모양으로 가운데 공간을 두고 동서남북으로 배치하였는데, 길이가 약 70미터, 넓이가 약 7미터 정도라고 하니 그 크기가 짐작되었다.

▲ 군창지(사진: 공공누리)

| 백제의 임금님은 영일루에 올라 해를 보며 어떤 생각을 했을지 써 보세요.

_____

_____

2 ㉠의 '아마도 ~ 것 같았다'로 보아 알 수 있는 것은 무엇인가요?
① 추측해 보았다.
② 정확한 사실을 말하고 있다.
③ 다른 사람에게 들은 것이다.
④ 이미 배워서 알고 있는 일이다.
⑤ 지금 보이는 장면을 말하고 있다.

3 글 ❹에서 알 수 없는 것은 무엇인가요?
① 군창지의 역할   ② 영일루의 전설
③ 영일루에 대한 설명   ④ 군창지가 알려진 계기
⑤ 군창지에 관한 조사 결과

4 군창지에 대한 내용으로 바르지 않은 것은 무엇인가요?
① 창고가 있던 터이다.
② 조선 시대에도 사용되었다.
③ 멋진 건물이 자리 잡고 있다.
④ 불에 탄 곡식이 발견되면서 알려졌다.
⑤ 군대에서 쓸 식량을 비축해 두었던 곳이다.

● 다음 글을 읽고 물음에 답해 보세요.

백제의 도읍지 부여 ⑤

군창지를 지나 사자루로 가는 길에 반월루를 보았다.

반월루가 무엇을 하던 곳인지는 친구들도 나도 몰랐다. 하지만 반월루에 올라가자 부여 시내가 한눈에 보였다. ㉠혹시 옛날에 적이 쳐들어오는 것을 감시하던 곳이 아니었을까 하는 생각이 들었다.

우리는 반월루에서 내려와 사자루에 도착했다. 사자루는 부소산에서 제일 높은 봉우리(106미터)에 세워진 누각이었다.

사자루에 올라가니 반월루에서 보았던 것보다 더 넓은 부여를 볼 수 있었다. 내 옆에서 아래를 내려다보시던 한 아저씨께서 이곳은 백제 시대에 만든 망대라고 하셨다. 여기가 반월루보다 높고 더 많이 보이니까 여기서 먼저 아래 땅을 관찰하고 다시 반월루에서도 관찰했을 것 같은 생각이 들었다.

그리고 사자루와 ㉡가까운 곳에서 옛날 건물을 세울 때 제일 먼저 놓던 주춧돌과 기와 조각들이 발견되었다고 한다. ㉢옛날에도 지금처럼 건물이 많이 세워져 있었던 것 같다.

🔍 **망대**: 적의 동정을 망보는 높은 대. 망루.

1 다음 중 사자루에 가는 도중에 있었던 일은 무엇인가요?

　　① 반월루에서 점심을 먹었다.

　　② 반월루에서 사진을 찍었다.

　　③ 반월루에 관한 설명을 들었다.

　　④ 등산객들이 모여 있는 걸 보았다.

　　⑤ 반월루에 올라 부여 시내를 내려다보았다.

2 ㉠과 같이 추측한 근거는 무엇인가요?

　　_____

3 사자루와 반월루의 공통점과 차이점을 설명해 보세요.

　　(1) 공통점: _____

　　(2) 차이점: _____

4 ㉡과 바꾸어 쓸 수 없는 낱말은 무엇인가요?

　　① 주변　　　　　　② 근처　　　　　　③ 근접한 곳

　　④ 인접한 곳　　　　⑤ 동떨어진 곳

5 ㉢과 같은 추측을 할 수 있는 근거는 무엇인가요?

　　_____

6 이 글에 나타난 글쓴이의 여정을 생각하며 다음 빈칸을 채워 보세요.

　　• 영일루 → (　　　　　　　) → (　　　　　　　) → 사자루

○ 다음 글을 읽고 물음에 답해 보세요.

백제의 도읍지 부여 ❻

　사자루를 지나 우리는 고란사로 향했다. 고란사는 백제 말기에 창건된 것으로 추정할 뿐 자세한 기록은 전하지 않는다고 한다.

　고란사에 들어서서 우리는 '조그마한 절이구나!'란 생각밖에 들지 않았다.

　우리는 고란사 뒤편에 '고란초'라는 것이 있다고 해서 절 뒤편으로 가 보았다. 그곳에는 약수가 나오는 곳이 있었다. 마침 우리는 무척 목이 말랐었기 때문에 너도나도 약수를 마시려고 달려들었다.

　약수는 정말 꿀맛이었다. 목도 말랐지만 산에서 나오는 좋은 물이라서 더 맛이 좋았던 것 같다.

　우리는 약수를 마시고 나서 고란사에 계시는 스님을 따라가 고란초가 들어 있는 액자를 보았다. 고란초는 산의 그늘진 바위틈이나 벼랑에 붙어서 사는 식물이라고 한다. 잎이 꼭 고사리하고 비슷해 보였다. 고란초가 유명하다고 하지만 별로 예쁘지는 않다는 생각이 들었다. 아마 벼랑에서 자라 쉽게 볼 수 없는 식물이어서 유명한 것 같았다.

1 고란사에서 있었던 일을 써 보세요.

(1) 한 일: _____

(2) 느낀 점: _____

_____

2 고란사의 뒤편으로 간 까닭은 무엇인가요?

① 스님을 찾으려고   ② 약수를 마시려고

③ 고란초를 보려고   ④ 바위를 찾으려고

⑤ 친구들을 찾으려고

3 고란초를 보고 난 후의 느낌은 어떠했나요?

_____

4 글쓴이는 고란초가 유명한 까닭이 무엇이라고 생각했나요?

_____

5 이 글에 나타난 고란초에 대한 설명으로 틀린 것 두 가지는 무엇인가요?

① 잎이 꼭 고사리와 비슷해 보였다.

② 고란사 앞마당에 고란초가 널려 있다.

③ 고란사의 약수가 있는 곳에서만 자란다.

④ 벼랑에서 자라서 쉽게 볼 수 없는 식물이다.

⑤ 산의 그늘진 바위틈이나 벼랑에 붙어서 사는 식물이다.

◐ 다음 글을 읽고 물음에 답해 보세요.

백제의 도읍지 부여 ⑦

우리가 고란사를 다 둘러보고 나자 오후 세 시가 되었다.

우리는 저녁이 되기 전에 공주로 돌아가기 위해 ㉠그곳에서 발을 돌려 부소산을 내려왔다. 낙화암과, 백화정, 그리고 조금 더 가면 있다는 신동엽 시인의 생가도 가 보고 싶었지만 그러면 어두워져서 산을 내려갈 수 없을 것 같았다.

아쉽지만 우리 모둠은 다음에 다시 한번 부여에 오기로 하고 산을 내려갔다.

버스를 타고 집으로 돌아오면서 친구들은 저마다 제일 좋았던 곳에 대해 얘기를 했다. 나는 모두 좋았지만 엄마께서 자주 말씀하시던 낙화암에 올라가 보지 못한 것이 자꾸만 아쉬웠다. 그래서 다음번에는 꼭 낙화암부터 가 봐야겠다고 다짐을 하면서 집으로 돌아왔다.

백제의 숨결을 간직하고 있는 부여를 돌아본 우리들은 이곳에 오기를 참 잘했다는 생각이 들었고, 이런 숙제를 내 주신 선생님께도 감사한 마음이 들었다. 우리들은 초저녁이 다 되어서야 집에 도착할 수 있었다.

1 ㉠은 어느 곳을 가리키나요?
   ① 부소산   ② 고란사   ③ 사자루
   ④ 낙화암   ⑤ 군창지

2 다음 중 글쓴이가 가 보지 않은 곳은 어디인가요?
   ① 백화정   ② 영일루   ③ 군창지
   ④ 고란사   ⑤ 삼충사

3 부소산에서 지은이가 가 보고 싶었던 곳을 이 글에서 찾아 모두 써 보세요.

_____

4 부여를 다녀와서 글쓴이가 느낀 점이 아닌 것은 무엇인가요?
   ① 부여의 숨결을 느꼈다.
   ② 부여에 오기를 참 잘했다고 생각했다.
   ③ 숙제를 내 주신 선생님께는 좀 화가 났다.
   ④ 낙화암에 올라가 보지 못한 것이 아쉬웠다.
   ⑤ 다음에는 낙화암부터 꼭 가 봐야겠다고 생각했다.

심화 학습
5 글쓴이가 구경한 순서대로 기호를 써 보세요.

   ㉮ 삼충사   ㉯ 반월루   ㉰ 영일루   ㉱ 군창지   ㉲ 고란사   ㉳ 사자루

   (   ) → (   ) → (   ) → (   ) → (   ) → (   )

다음 글을 읽고 물음에 답해 보세요.

동화

흉내쟁이 남생이 ❶

ⓣ옛날 어느 시골 마을에 마음씨 나쁜 형과 착한 아우 그리고 나이 어린 동생들이 어머니와 함께 살고 있었습니다.

어느 날 아버지가 돌아가시자 형은 아버지가 물려주신 재산을 모두 독차지해 버렸습니다.

그리고 둘째 아우에게는 아무것도 나눠 주지 않았습니다.

"너는 이제 다 컸으니 혼자서 나가 살도록 해."

"그래, 형은 어머니도 모시고 어린 동생들도 보살펴야 하니까 재산이 있어야 하지만 난 혼자 사니까 그런 건 없어도 돼. 형이 잘살아야 어머니와 동생들도 편하게 지낼 테니까."

마음 착한 둘째 아우는 형에게 이렇게 말하고는 혼자서 집을 나왔습니다. 그리고 산에 가서 나무를 해다 팔아 겨우겨우 먹고살았습니다.

🔍 **남생이**: 연못이나 냇가에 사는 민물 동물. 거북과 비슷하나 작고, 네 발에 각각 다섯 개의 발가락이 있으며, 발가락 사이에는 물갈퀴가 있음.

ⓣ을 때, 장소, 등장인물로 나누어 써 보세요.

(1) 때: _____

(2) 장소: _____

(3) 등장인물: _____

● 다음 글을 읽고 물음에 답해 보세요.

흉내쟁이 남생이 ②

　형은 아버지가 남겨 준 재산으로 아무런 걱정 없이 편안하게 먹고 살았습니다. 하지만 못된 형은 어머니께 불효하고 어린 동생들도 몹시 구박했습니다.

　"어머니, 양념 좀 아껴 쓰세요. 밥도 조금씩만 드시고요. 어머니께서 그렇게 많이 드시니까 남아나는 게 없잖아요. 그리고 너희들도 앞으로 밥을 조금씩만 먹도록 해. 일도 하나 안 하면서 무슨 밥은 그렇게 많이 먹는 게야?"

　"얘, 큰애야, 어린 동생들이 얼마나 먹는다고 그러느냐? 그렇지 않아도 아껴서 조금씩만 먹는데."

　"어머니, 그게 무슨 말씀이세요? 밥을 많이 먹고 싶으면 동생들도 일을 해야죠. 이제 클 만큼 컸는데 밥값은 해야 하는 거 아니에요? 그러니까 어머니께서 얘들한테도 일 좀 시키세요."

　"이 애들이 일을 얼마나 열심히 하는데 그런 소릴 하니?"

　"어머니가 그렇게 이 애들 편만 드니까 동생들이 형을 우습게 아는 거 아니에요?"

　형은 어머니를 아주 못살게 굴었습니다.

형과 아우는 어떤 성품을 지녔는지 각각 써 보세요.

(1) 형:

(2) 아우:

◯ 다음 글을 읽고 물음에 답해 보세요.

흥내쟁이 남생이 ❸

어머니는 더 견디다 못해 결국 둘째 아들네 집으로 가서 살기로 마음먹었습니다. 둘째는 산에서 열심히 나무를 해다 팔아 어머니를 정성을 다해 모셨습니다.

㉠그렇게 하루하루가 가고 설날이 다가왔습니다. ㉡마을 곳곳에서 떡방아를 찧는 소리가 요란하게 나고 빈대떡이며 인절미를 하는 냄새가 고소하게 마을에 퍼졌습니다. 그러나 둘째네 집에는 먹을 양식이 다 떨어져 설날 끼니도 굶을 판이었습니다.

섣달그믐날이라고 모두 맛있는 음식을 차리고 고운 옷으로 갈아입고 즐거워했지만 둘째는 뒷산에 올라가 눈 쌓인 산을 헤쳐 가며 나무를 해야 했습니다. ㉢한겨울인데도 땀이 송글송글 맺힌 아우는 나무를 한 짐 만들어 놓고 근처 바위 위에 걸터앉아 숨을 돌리며 쉬고 있었습니다.

"저 나무를 좋은 값에 팔아야 어머니께 맛있는 명절 음식을 차려 드릴 수 있을 텐데."

둘째는 쌓아 놓은 나뭇
짐을 보며 한숨을 쉬었습
니다.

| 큰형과 비슷한 이야기 속의 인물을 아는 대로 써 보세요.

2 ㉠이 가리키는 것은 무엇인가요?

① 음식을 만들면서   ② 설날이 다가오면서

③ 형을 찾아다니면서   ④ 어머니를 구박하면서

⑤ 산에서 나무를 해다 팔면서

3 ㉡으로 짐작할 수 있는 것은 무엇인가요?

① 명절이 다가오고 있다.

② 둘째네 집에 큰 경사가 있다.

③ 나라에서 큰 난리가 일어났다.

④ 사람들이 배고픔에 시달리고 있다.

⑤ 둘째네 형편이 점차 나아지고 있다.

4 설날을 뜻하는 또 다른 말은 무엇인가요?

① 단오   ② 한가위   ③ 대보름

④ 동짓날   ⑤ 정월 초하루

5 ㉢에서 알 수 있는 사실은 무엇인가요?

① 몸이 아프다.   ② 일을 게을리했다.

③ 일을 열심히 했다.   ④ 날씨가 무척 덥다.

⑤ 옷을 두껍게 입었다.

○ 다음 글을 읽고 물음에 답해 보세요.

흉내쟁이 남생이 ④

그런데 그때 어디선가 ㉠이상한 소리가 들려왔습니다.

"저 나무를 좋은 값에 팔아야 어머니께 맛있는 명절 음식을 차려 드
릴 수 있을 텐데……."

둘째 아우가 한 말을 똑같이 흉내 내는 소리였습니다.

'이게 무슨 소리지? 누가 내 흉내를 내는 거지? 도깨비인가?'

둘째는 누가 장난을 하나 궁금해서 주위를 두리번거렸지만 아무도
없었습니다.

"그것 참 이상하다. 누가 내 흉내를 내는 거지? 내가 잘못 들었나?"

둘째는 여기저기를 살펴보다가 다시 바위에 걸터앉아 말했습니다.

"허허, 그것 참 이상도 하지. 내가 잘못 들었나?"

그런데 그때 가까운 곳에서 또 소리가 들렸습니다.

"허허, 그것 참 이상도 하지. 내가 잘못 들었나?"

하고 또 흉내 내는 소리가 들렸습니다. 둘째는 소나무 ㉡밑동도 살펴
보고 근처 바위도 둘러보았습니다.

1 ㉠의 '이상한 소리'는 무슨 소리를 말하나요?
① 형의 목소리   ② 바람이 부는 소리
③ 퉁소를 부는 소리   ④ 바위를 두들기는 소리
⑤ 둘째의 말을 흉내 내는 소리

2 둘째는 자신의 말을 흉내 내는 것이 처음에는 무엇이라고 생각했나요?

_____

3 둘째는 흉내 내는 소리를 듣고 어디를 살펴보았는지 모두 고르세요.
① 숲속   ② 지붕 위   ③ 나무 위
④ 근처 바위   ⑤ 소나무 밑동

4 모양을 흉내 내는 말은 의태어라고 합니다. 소리를 흉내 내는 말은 무엇이라고
할까요?

_____

5 다음 중에서 소리를 흉내 내는 말이 아닌 것은 무엇인가요?
① 음매   ② 쨍그랑   ③ 야옹야옹
④ 삐악삐악   ⑤ 어슬렁어슬렁

6 ㉡의 뜻을 국어사전에서 찾아 써 보세요.

_____

○ 다음 글을 읽고 물음에 답해 보세요.

> 흉내쟁이 남생이 ❺
>
> ㉠ "그것 참 이상하다."
> ㉡ "그것 참 이상하다."
> 누군가 또 흉내를 내고 있었습니다.
> 가만히 들어 보니 근처 낙엽이 잔뜩 쌓인 곳에서 나는 것 같았습니다.
> 둘째는 가만가만 다가가 낙엽 더미를 살살 헤쳐 보았습니다. 그러자
> ㉢그곳에서 남생이 한 마리가 눈을 반짝이며 둘째를 빤히 바라보고 있었
> 습니다.
> ㉣ "아니, 네가 내 말을 흉내 낸 거니?"
> 하고 물었습니다. 그러자, 남생이가 또 똑같이 둘째의 말을 흉내 내는 것
> 이었습니다.
> ㉤ "하하하, 바로 너였구나. 참 신기한 일도 다 있지. 이것도 인연인데
> 너 나랑 같이 가자."
> ㉥ "하하하, 바로 너였구나. 참 신기한 일도 다 있지. 이것도 인연인데
> 너 나랑 같이 가자."
> 남생이는 또 흉내를 내며 말했습니다.
> 둘째는 남생이를 ㉦나뭇짐 위에 얹고 껄껄 웃으며 집으로 돌아왔습니다.

│ 다음 빈칸에 알맞은 낱말을 이 글에서 찾아 써넣으세요.

• 둘째는 (   )를 나뭇짐 위에 얹고 (   ) 웃으며 집으
  로 돌아왔습니다.

공부한 날 월 일

2 이 글에서 남생이가 한 말을 모두 고르세요.

① ㉠ ② ㉡ ③ ㉣ ④ ㉤ ⑤ ㉥

3 ㉢은 어디를 가리키나요?

____

4 둘째의 말을 흉내 내는 것은 무엇이었나요?

① 여우 ② 까마귀 ③ 남생이 ④ 도깨비 ⑤ 다람쥐

5 ㉦과 같은 형태의 낱말이 아닌 것은 무엇인가요?

① 촛불 ② 제삿날 ③ 개구리 ④ 나룻배 ⑤ 아랫집

6 어떤 낱말의 뜻을 국어사전에서 찾아보았더니 다음과 같았습니다. 그 낱말이 쓰인 문장과 뜻을 살펴보고 ( ) 안에 들어갈 낱말을 쓰세요.

① 서로 알게 되는 기회.
② 의지하고 지낼 관계.

• (   )을 끊다.: 지금까지 있었던 관계를 끊다.
• (   )을 맺다.: 관계를 맺다.

○ 다음 글을 읽고 물음에 답해 보세요.

흉내쟁이 남생이 ❻

둘째가 신기한 남생이를 가지고 있다는 소문은 금방 마을 전체에 퍼졌습니다. 사람들은 둘째네 집 마당으로 ㉠구름같이 모여들었습니다. 모두들 말하는 남생이를 보려고 찾아온 사람들이었습니다.

"여보게, ㉡석 냥 낼 테니 어디 그 말하는 남생이 한 번 구경해 볼 수 없겠나?"

"자, 나도 여기 석 냥 내겠네. 우리한테 한번 보여 주게나."

구경을 하러 온 사람들은 너도나도 돈을 조금씩 내고는 남생이를 구경했습니다.

"어험, 네가 말하는 남생이냐?"

"어험, 네가 말하는 남생이냐?"

남생이는 사람들의 말소리를 그대로 흉내 내었습니다. 사람들은 자기의 목소리를 똑같이 흉내 내는 남생이가 너무 신기해서 매일매일 모여들었습니다.

남생이를 구경 온 사람들 덕분에 둘째는 더 이상 산에 나무를 하러 가지 않아도 되었습니다. 나뭇짐을 팔아 버는 돈보다 남생이를 구경 온 사람들이 내는 돈이 훨씬 더 많았기 때문에 남부럽지 않게 어머니를 모실 수 있게 되었습니다.

Ⅰ 마을에 퍼진 소문은 어떤 소문인가요?
① 둘째가 부자가 되었다.
② 둘째가 어머니를 구박한다.
③ 둘째가 나무를 많이 해 왔다.
④ 둘째가 신령님께 벌을 받았다.
⑤ 둘째가 신기한 남생이를 얻었다.

2 ㉠을 뜻이 비슷한 다른 표현으로 바꾸어 써 보세요.

• 사람들은 둘째네 집 마당으로 _____ 몰려들었다.

3 ㉡을 숫자로 바르게 나타낸 것은 무엇인가요?
① 1   ② 2   ③ 3   ④ 4   ⑤ 5

4 둘째는 왜 나무를 하러 가지 않아도 되었나요?
① 남생이가 돈을 가져왔기 때문에
② 남생이가 나무를 해 왔기 때문에
③ 남생이를 비싼 값에 팔 수 있었기 때문에
④ 남생이가 먹을 것을 가져다주었기 때문에
⑤ 남생이를 구경 온 사람들이 많은 돈을 내었기 때문에

5 둘째는 돈을 많이 벌고 나서 어떻게 했나요?
① 내기를 하였다.   ② 형에게 자랑을 하였다.
③ 어머니를 행복하게 모셨다.   ④ 계속 나무를 하러 다녔다.
⑤ 마을 사람들을 모른 척하였다.

○ 다음 글을 읽고 물음에 답해 보세요.

흥내쟁이 남생이 ❼

둘째네 집이 신기한 남생이 덕분에 부자가 되었다는 소문을 들은 형은 배가 아팠습니다. 그래서 아우를 찾아왔습니다.

"아우야, 동생들을 먹여 살리려면 나도 돈을 좀 벌어야겠다. 남생이 좀 빌려 다오."

욕심 많고 못된 형은 둘째가 대답도 하기 전에 남생이를 그냥 들고 가 버렸습니다.

형은 사람이 많이 모이는 장터에 가면 금방 많은 돈을 벌 수 있을 거라고 ⊙생각했습니다.

그래서 남생이를 가지고 장터 한가운데로 갔습니다.

"자, 자. 이리들 와서 ⓛ구경하시요. 말을 흉내 내는 남생이가 있습니다."

"닷 냥을 내면 말을 따라 합니다. 어서 와서 말을 시켜 보세요."

지나가던 ⓒ총각이 그 말을 듣고 호기심이 생겼습니다.

"그 말이 정말이오? 정말 내 말을 따라 한단 말이오?"

"아, 그렇고말고요. ②닷 냥만 내면 어떤 말이든 따라 하는 신기한 남생이라니까요."

총각은 형에게 닷 냥을 주고 남생이에게 말을 시켜 보았습니다.

"자, 남생아, 내 말을 흉내 내 보거라."

그런데 어찌 된 일인지 남생이는 눈만 ⓜ끔벅일 뿐 아무 말도 하지 않았습니다.

1 형의 행동에 어울리는 속담을 생각하며 빈칸에 알맞은 말을 써넣으세요.

　　• (　　　　　)이 땅을 사면 (　　　　)가 아프다

2 욕심 많은 형은 남생이를 어떻게 했나요?
① 남생이를 잡아먹었다.
② 남생이에게 나무를 해 오도록 시켰다.
③ 남생이를 장터로 데리고 가 심부름을 시켰다.
④ 남생이를 장터로 데리고 가 구경꾼들에게 팔았다.
⑤ 남생이를 장터로 데리고 가 구경꾼들에게서 돈을 벌려고 했다.

3 ㉠~㉤ 중 맞춤법이 <u>틀린</u> 것은 무엇인가요?
① ㉠　　　　② ㉡　　　　③ ㉢　　　　④ ㉣　　　　⑤ ㉤

4 '새롭고 이상한 것을 좋아하거나 모르는 것을 알고 싶어 하는 마음.'을 가리키는 낱말을 이 글에서 찾아 쓰세요.

_____

5 남생이를 장터로 데려간 욕심 많고 못된 형은 장터에 모인 사람들에게 무엇이라고 얘기했나요?
① 닷 냥만 내면 신기한 남생이를 팔겠소.
② 닷 냥만 내면 신기한 남생이를 탈 수 있소.
③ 닷 냥만 내면 어떤 춤이든 흉내 내는 신기한 남생이라오.
④ 닷 냥만 내면 어떤 말이든 따라 하는 신기한 남생이라오.
⑤ 닷 냥만 내면 신기한 남생이를 먹을 수 있도록 해 드리겠소.

◯ 다음 글을 읽고 물음에 답해 보세요.

흉내쟁이 남생이 ⑧

"어서 말을 따라 해 보라니까."

하지만 남생이는 여전히 입을 꾹 다문 채 말이 없었습니다. 몇 번을 되풀이해도 아무 소용이 없었습니다. 그러자 총각은 형에게 큰 소리로 따져 물었습니다.

"이게 어찌 된 거요? 당신 ⊙사깃꾼이지? 어디서 평범한 남생이를 가져와서는 말하는 남생이라고? 당장 내 돈 내놓지 못해?"

ⓒ총각이 형을 마구 다그치며 소리소리 지르자 말하는 남생이를 구경하려고 모여들었던 사람들도 저마다 ⓒ한마디씩 하며 제 갈 길로 가 버렸습니다.

"쳇, 그럼 그렇지. ②말하는 남생이가 있을라고."

1 둘째네 집에서 첫째 형에게 끌려온 남생이는 무엇이 바뀌었나요?

_____

2 ㉠을 맞춤법에 맞도록 바르게 고쳐 쓰세요.

_____

3 ㉡에 담긴 총각의 심정은 어떠한가요?
① 기쁨   ② 화남   ③ 두려움
④ 미안함   ⑤ 부끄러움

4 ㉢의 '한마디씩'에 어울리는 말을 써 보세요.

_____

5 ㉣의 뜻은 무엇인가요?
① 말하는 남생이는 있다.   ② 말하는 남생이는 많다.
③ 말하는 남생이는 없다.   ④ 말하는 남생이는 흔하다.
⑤ 말하는 남생이를 본 적이 있다.

6 형이 데려간 남생이는 왜 사람들의 말을 따라 하지 않았을지 생각하여 써 보세요.

_____

◉ 다음 글을 읽고 물음에 답해 보세요.

흥내쟁이 남생이

사람들에게 사기꾼 취급을 당하고 욕만 실컷 얻어먹은 형은 너무 창피하고 화가 났습니다.

"이놈의 남생이 때문에 내가 이런 꼴을 당하다니. ㉠갑자기 벙어리가 된 거냐? 못된 남생이 같으니라고."

그러고는 남생이를 바닥에 세게 내동댕이쳤습니다. ㉡그 바람에 남생이는 그만 죽고 말았습니다. 하지만 형은 남생이를 죽이고도 화가 풀리지 않았습니다. 그래서 동생을 찾아가 실컷 화풀이를 했습니다.

"이놈, 말하는 남생이를 빌려 달랬더니 말 못 하는 남생이를 빌려줘서 내게 망신을 줘? 그래, 너는 말하는 남생이로 부자가 되었으니 이제부터는 동생들도 다 네가 데려가."

형은 둘째 아우에게 실컷 화풀이를 하고는 집으로 돌아갔습니다.

🔍 취급: 사물을 어떤 자격으로 대함. 사물을 처리하거나 다룸.

1   형이 ㉠처럼 말한 까닭은 무엇인가요?

_____

2   ㉡은 무엇을 가리키나요?

_____

3   남생이가 죽은 까닭은 무엇인가요?
　① 물이 없어서
　② 독약이 든 먹이를 먹어서
　③ 사람들이 남생이를 밟아서
　④ 사람들이 던진 돌에 맞아서
　⑤ 첫째 형이 남생이를 바닥에 던져서

4   형은 욕심이 많고 고약한 성격을 가졌습니다. 형의 못된 마음이 드러나는 행동을 써 보세요.

_____

5   다음 문장 뒤에 이어질 내용을 이야기와 다르게 상상하여 써 보세요.

　• 그러고는 남생이를 바닥에 세게 내동댕이쳤습니다.

→ _____

_____

◯ 다음 글을 읽고 물음에 답해 보세요.

흉내쟁이 남생이 ⑩

둘째는 마당에 내동댕이쳐진 남생이를 꼭 안고 슬퍼했습니다. 그리고 남생이를 위해 뒤꼍에 작은 무덤을 만들어 주었습니다.

둘째는 남생이의 무덤 앞에서 ㉠슬피 울었습니다. 둘째의 눈물은 흘러 흘러 남생이의 무덤 위로 똑똑 떨어졌습니다. 그러자 신기하게도 남생이의 무덤에서 이상한 싹이 돋아나더니 금세 쑥쑥 자라 꽃을 피우기 시작했습니다.

그 꽃은 또 금세 지고 탐스러운 열매가 주렁주렁 열렸습니다. 열매는 둘째 앞에서 저절로 툭툭 터지기 시작했습니다. 그러더니만 뒤꼍 가득 금, 은, 보석이 펑펑 떨어져 쌓이기 시작했습니다. 동생은 이제 아주 큰 부자가 되었습니다.

멀리 있는 형이 이 소문을 들었습니다. 형은 너무 샘이 나서 몰래 동생 집으로 가서는 뒤꼍에 있는 보석 나무에서 가지를 하나 뚝 잘라 가져와서 자기 집 뜰에 심었습니다. 그러자 그 나뭇가지에서도 금세 꽃이 피고 열매가 맺혔습니다.

🔍 **뒤꼍**: 집의 뒤편에 있는 공간.

1 ㉠과 바꾸어 쓸 수 없는 낱말은 무엇인가요?

① 괴롭게   ② 슬프게   ③ 서럽게

④ 담담하게   ⑤ 마음 아프게

2 둘째 아우의 착한 마음씨가 드러나는 행동을 찾아 쓰세요.

_____

3 이 글에서 갑자기 많이 커지거나 자라는 모양을 흉내 내는 말을 찾아 쓰세요.

_____

4 남생이의 무덤에서 돋아난 이상한 싹은 결국 무엇이 되었나요?

_____

5 동생이 큰 부자가 되었다는 소식을 듣고 형은 어떻게 했나요?

_____

_____

6 형의 집에 심은 보석 나무 가지는 어떻게 되었나요?

① 금세 말라 버렸다.

② 금은보화가 주렁주렁 열렸다.

③ 금세 꽃이 피고 열매가 맺혔다.

④ 나뭇가지 근처에 벌레들이 많이 생겨났다.

⑤ 꽃은 많이 피어났는데, 열매는 열리지 않았다.

○ 다음 글을 읽고 물음에 답해 보세요.

흉내쟁이 남생이 11

"얼씨구나, 좋다! 절씨구나, 좋구나! 드디어 나도 부자가 되는구나."

형은 너무나 좋아 입이 귀밑까지 찢어진 채 덩실덩실 춤을 추었습니다.

그리고 금세 열매가 주렁주렁 맺혔습니다. 그런데 갑자기 열매 속에서 폭포처럼 거센 물줄기가 쏟아져 나오기 시작했습니다. 그리고 잠시 후 또 다른 열매가 펑펑 터지더니 이번엔 돌멩이가 우르르 쏟아져 나왔습니다. 형의 집은 열매 속에서 나온 폭포수와 돌멩이들로 쑥밭이 되었습니다.

간신히 목숨을 건진 형은 그 후 자기의 잘못을 깊이 깨닫고 둘째 아우네 집을 찾아갔습니다.

동생과 어머니는 형을 용서하고 따뜻한 마음으로 받아 주었습니다.

형은 어머니와 동생과 함께 우애 있게 잘 지냈습니다.

○ **우애** : 형제 사이의 정.

1 형이 자기 집 뜰에 심은 나무의 열매에서 나온 것은 무엇인가요?

_____ 과/와 _____

2 형의 행동과 관계있는 속담은 무엇인가요?

① 쇠귀에 경 읽기   ② 형만 한 아우 없다

③ 목구멍이 포도청   ④ 불난 집에 부채질한다

⑤ 가는 토끼 잡으려다 잡은 토끼 놓친다

3 이 글의 교훈이 아닌 것은 무엇인가요?

① 거북이를 사랑하자.   ② 부모님을 공경하자.

③ 형제간에 우애 있게 지내자.   ④ 지나친 욕심을 부리지 말자.

⑤ 착한 사람은 복을 받고, 악한 사람은 벌을 받는다.

4 못된 형은 자기 집 뜰에서 자란 열매에서 폭포수와 돌멩이들이 나와 집이 쑥밭이 되자 어떻게 했나요?

① 화가 나서 보석 나무를 다 불태웠다.

② 자기의 잘못을 깨닫고 목숨을 끊었다.

③ 동생의 집으로 가서 동생을 마구 때렸다.

④ 자기의 잘못을 깨닫고 동생과 어머니를 데려왔다.

⑤ 자기의 잘못을 깊이 깨닫고 둘째 아우네 집으로 찾아갔다.

심화 학습

5 「흉내쟁이 남생이」처럼 동물을 통해 복을 받게 되고, 나쁜 형과 착한 아우가 나오는 이야기를 떠올려 쓰세요.

_____

◆ 한자를 배워요: **방향**

⭕ 다음 한자를 획순에 따라 써 보고 소리 내어 읽어 보세요.

上

'**상**'이라고 읽고
'**위**'를 뜻해요.

3획 　丨　卜　上

上　上　上　上

下

'**하**'라고 읽고
'**아래**'를 뜻해요.

3획 　一　丁　下

下　下　下　下

左

'**좌**'라고 읽고
'**왼쪽**'을 뜻해요.

5획 　一　ナ　た　た　左

左　左　左　左

右

'**우**'라고 읽고
'**오른쪽**'을 뜻해요.

5획 　一　ナ　ナ　right右

右　右　右　右

東

'동'이라고 읽고
'동쪽'을 뜻해요.

8획   一 厂 丌 пп 百 申 東 東

서

西

'서'라고 읽고
'서쪽'을 뜻해요.

6획   一 厂 丙 丙 西 西

南

'남'이라고 읽고
'남쪽'을 뜻해요.

9획   一 十 十 内 内 南 南 南 南

北

'북'이라고 읽고
'북쪽'을 뜻해요.

5획   一 十 北 北 北

◆ 문장 구성: 한자어의 적절한 사용

◯ 다음 낱말의 뜻을 잘 읽고, 문장의 빈칸에 알맞은 낱말을 써 보세요.

> 보기
>
> 효과 [效果]: 보람이 있는 결과.
> 적당 [適當]: 꼭 들어맞음.
> 규칙 [規則]: 여러 사람이 다 같이 지키기로 한 법칙.
> 조사 [調査]: 사물의 내용을 정확하게 알기 위해 자세히 살펴봄.

1 우리 반에서는 수업 시간에 떠들고 장난하는 사람은 벌점을 받기로
   _____ 을 정했습니다.

2 음식은 _____ 히 덜어서 먹어야 음식 쓰레기도 남지 않고 건강에도
   좋습니다.

3 나는 살을 빼려고 하루에 한 시간씩 운동을 하고 밥도 조금씩 먹었습니다.
   그랬더니 정말로 _____ 가 있었습니다.

4 우리 모둠은 속담을 자세하게 _____ 하기 위해서 도서관을 찾았습니다.

5 같은 약이라도 환자의 상태에 따라 치료 _____ 가 다를 수 있다.

6 이곳은 수심이 깊지 않아 아이들이 놀기에 _____ 하다.

개인별 능력별 학습프로그램

기탄국어

H 단계 ❸ 집
161a-240b

정답은 따로 보관하고 있다가 채점할 때 사용해 주세요.

1주 161a~180b

161

ⓑ 1 우리 형제   2 (1) 열매 맺는다. (2) 별 형제
(3) 우리 형제 (4) 무얼 할꼬?   3 예 부모님을
기쁘게 해 드린다. / 훌륭한 사람이 되도록 노력한
다.   4 빛

162

ⓐ 5 ②   6 ①   7 운율을 맞추기 위해   8 생
략   심화 학습 9 예 원두막, 허수아비, 초가집, 맑
은 공기, 논과 밭, 푸른 산, 할아버지, 할머니

ⓑ 1 산, 목, 물, 물통

163

ⓐ 2 ③   3 ②   4 (1) 작년 여름 (2) 속리산 (3)
등산을   5 자신의 물을 다 마셨기 때문에

164

ⓐ 1 쉬웠다 → 쉬었다   2 ③   3 ②   4 예 자
격증 공부를 기간에 맞게 잘 계획하여 실천하였
다.   5 ④

165

ⓐ 1 정상   2 ①, ⑤   3 ②, ④   4 동생의 생
각이 엉뚱해서   5 ②, ⑤   6 예 체육 시간에
한바탕 축구를 했더니 기분이 상쾌했다.

166

ⓐ 1 ②   2 가만히 앉아서 맑은 공기와 조용한 바
람 소리를 듣고 있으니 마음이 편해지는 것 같았
다.   3 ③   4 겨울 방학에도 아빠를 졸라 산
에 다녀오리라 마음먹었다.   심화 학습 5 예 지
난주 일요일 우리 가족은 계룡산에 다녀왔다. 숲
길이 가파르고 울퉁불퉁해서 올라가기가 무척 힘

들었다. 날씨도 더워서 이마에 구슬땀이 송골송골
맺혔다. 두 시간쯤 올라가자 금잔디 동산에 도착
했다. 우리 가족은 집에서 싸 온 김밥을 맛있게 먹
었다. 올라갈 땐 힘들었지만 맑은 공기를 마시고
시원한 바람을 쐬니 기분이 참 좋았다.

ⓑ 1 개구장이 → 개구쟁이   2 깡총깡총 → 깡충
깡충   3 가르치는 → 가리키는   4 웃니 →
윗니   5 윗어른들께 → 웃어른들께   6 잊어
버렸다 → 잃어버렸다

167

ⓐ 7 윗돈 → 웃돈   8 마추러 → 맞추러   9 잃
어버렸다 → 잊어버렸다   10 낳다는 → 낫다는
11 껍데기 → 껍질   12 껍데기 → 껍질

ⓑ 1 도서관, 책, 집, 책꽂이

168

ⓐ 2 ③   3 ④   4 이달에 읽어야 할 책   5
②   6 ⑤

169

ⓐ 1 집에 있는 책을 또 빌려 와서   2 ③   3 ②
4 ⑤   5 ②, ③   6 『뻐끔뻐끔 물속 친구들』

170

ⓐ 1 ⑤   2 (1) 광산에서 나온 오염수 때문에 열목
어가 떼죽음을 당한 일 (2) 광산을 만들고 오염수
를 쏟아 보낸 일   3 예 생태계를 파괴하지 않
도록 해야 한다. 왜냐하면 생물을 죽이면 결국 나
를 죽이는 일이 되기 때문이고, 또 우리의 후손도
살아야 할 땅이기 때문이다.   4 예 공장이나 가
정에서 흘러나온 폐수로 강이 오염되고 그 물속에
살고 있는 물고기들이 죽어 가고 있다. 강이나 바
다는 우리들만의 것이 아니라 그 속에 살고 있는
모든 생물들의 것이기도 하다. 그러므로 우리 어
린이들이 솔선수범해 강이나 바다에 사는 물고기

들이 오염된 물에 죽는 일이 없도록 깨끗한 환경을 가꾸어 나가자.

171

ⓐ 1 '드렁허리'라는 물고기가 암컷에서 수컷으로 변한다는 것 2 암컷이 모두 수컷으로 바뀌면 새끼는 어떻게 낳을까? 3 흙을 파서 굴을 만들고 그 속에 알을 낳는다. 4 ② 5 ④ 6 내가 강주걱양태의 별명을 왕주걱이라고 지은 이유

ⓑ 1 ④ 2 새로운 사실들을 알게 된 것도 좋았고, 굉장히 똑똑해진 것 같아서

172

ⓐ 3 ④ 4 생물에 관한 책을 많이 읽고, 독서 감상문도 쓰며 생각을 넓히고 지식도 쌓아야겠다.
5 ① 심화 학습 6 예 생각이 넓어지고 지식도 많아진다. / 내가 가 보지 못한 곳에 대해 자세히 알 수 있다. / 감동과 즐거움을 얻을 수 있다.

173

ⓐ 1 우리나라의 무술 2 (1) 우리 민족 고유의 전통 무술이다. 정신 수련을 할 수 있다. 어원이 택견이다. (2) 태권도는 올림픽 정식 종목이지만 택견은 아니다. 3 ② 4 ③ 5 체력 단련, 정신 수련

174

ⓐ 1 ② 2 ④ 3 맨손, 맨발, 타격, 전통 무예, 스포츠 4 고구려의 고분인 무용총 내부에 그려진 벽화 5 (1) 마음과 몸. (2) 예 오늘 여행에서 돌아왔더니 심신이 피로하다.

ⓑ 1 택견, 가라테, 가라테, 택견

175

ⓐ 2 ③ 3 탁견 4 ⑤ 5 우리나라의 고유

무술을 없애려고 6 (1) 있는 것을 뭉개어 없애 버림. (2) 문화, 풍속, 제도 따위를 이어받아 계승함. 7 1954년

ⓑ 1 ③ 2 ①

176

ⓐ 1 ⑤ 2 태권도는 우리나라에서 생긴 운동이기 때문에 모든 구령이 우리말이다.

177

ⓐ 1 품새 2 ④ 3 ①, ③, ⑤ 4 ④

178

ⓐ 1 ② 2 ③ 3 (1) 어떤 특별한 힘을 내기 위해 정신과 힘의 집중, 또는 그런 집중을 위해 내는 소리. (2) 예 발차기를 하며 힘찬 기합을 넣었다.
4 ④ 5 맨손 무예, 이크, 에크

ⓑ 1 택견 동작이 율동적이고 부드러운 동선으로 구성되어 있어서 2 ②

179

ⓐ 1 문화적 현상과 같은 어떤 대상이 처음 시작된 나라. 심화 학습 2 우리의 전통 무예를 사랑하고 계승하여 더욱 발전시킨다.

ⓑ 1 ○ 2 × 3 ○ 4 × 5 ○ 6 × 7 ○ 8 ×

180

ⓐ 예 1 우리나라는 사계절이 뚜렷하다. 봄에는 꽃이 피고, 여름에는 푸른 숲이 우거진다. 가을에는 단풍이 들어 온 산이 울긋불긋해지고, 겨울에는 흰 눈이 내린다. 2 공부를 아주 잘할 뿐만 아니라, 운동도 잘하고, 노래도 잘한다. 3 교과서와 공책이 들어 있고, 필통과 동화책도 들어 있다. 그리고 수학 시간에 쓸 삼각자와 각도기도 들어

있다.　4 내가 좋아하는 떡볶이도 잘하시고, 아빠가 좋아하는 해물탕도 잘 끓이신다. 그리고 동생이 좋아하는 케이크도 잘 만드신다.

ⓑ 예 1 자연을 소중히 여기는 태도를 가지자　2 자연이 점점 오염되어 가고 있다.　3 (1) 물이 오염되어 물고기가 죽어 가고 있다. (2) 공기가 오염되어 하늘이 뿌옇고, 나무가 죽어 간다.　4 자연이 오염되면 우리도 살기 어려워진다. 그러므로 자연을 소중히 여기자.

2주 181a~200b

181
ⓑ 1 ①　2 ②　3 일요일이었다. 그렇지만(하지만, 그러나) 아침부터 온 가족이 바빴다.　4 (1) 소금물에 절여 놓은 배추를 씻으셨다. (2) 무, 파를 써셨다. (3) 고무통에 담긴 김치 속 재료를 고무장갑을 끼고 열심히 버무리셨다. (4) 엄마가 씻어 놓은 배추를 옆집 아주머니 옆으로 조금씩 옮겨 놓았다.　5 ②

182
ⓐ 6 ⑤　7 ⑤　8 뚝딱　심화 학습 9 예 나와 동생은 하얀 털모자를 쓰고, 하얀 눈사람을 만들었다.

183
ⓐ 1 ⑤　2 ④　3 ①, ⑤　4 ②　5 암소가 새끼를 낳으면 우리 집 형편에 도움이 될 것이다.

184
ⓐ 1 쌍둥이 송아지가 태어나서　2 ①　3 ③ 4 ②　5 ②, ⑤

185
ⓐ 1 ⑤　2 ②　3 거울에 비친 자기 모습을 동생 '왕눈이'인 줄 알고　4 (1) 애달프게 울기 시작했다. (2) 마치 사람처럼 눈물을 줄줄 흘렸다. 5 (1) 펑펑 울고 마셨다. (2) 계속 울며 어미 소 옆에서 떨어지려고 하지 않았다.　심화 학습 6 (1) 아버지께서 암소 한 마리를 사 오셨다. (2) 암소가 쌍둥이 송아지를 낳았다. (3) 쌍둥이 송아지 중 둘째 왕눈이를 내다 팔았다.

ⓑ 1 무리를 지어 생활한다, 새끼를 낳아 젖을 먹여 키운다, 큰 소리로 친구를 부른다, 두 다리로 선다, 손가락, 발가락 모양이 흡사하다, 손을 이용해 물건을 집을 수 있다.　2 사람은 말과 글을 통해 생각을 전달한다, 사람은 손으로 물건을 가공할 수 있고, 음식물을 익혀 먹는다, 사람은 생각하는 힘을 가졌다.

186
ⓐ 1 봄에 핀다.　2 개나리는 노란색이고, 진달래는 분홍색 꽃이다, 개나리는 꽃망울이 줄기 따라 피고, 진달래는 가지 끝에서 핀다.

ⓑ 1 (1) 설치류 (앞니 한 쌍이 일생 동안 자라는 동물로 쥐, 다람쥐, 토끼 등이 속한다.) (2) 앞니가 길다.　2 (1) 산속 (2) 나무 속, 나무 위 (3) 짧고 둥글다. (4) 길고 가늘다. (5) 길다. (6) 짧다.

187
ⓐ 1 (1) 새 (2) 날지 못하는 새　2 (1) 육지 (2) 바다, 남극 (3) 다리와 목이 길다. (4) 목이 짧고 날개가 지느러미 모양

ⓑ 예 1 (1) 용도(쓰임) (2) 교통수단 (3) 바퀴 수 (4) 두 개　2 (1) 속도 (2) 느리다. (3) 빠르다. (4) 움직이는 방법 (5) 페달 (6) 엔진

188
ⓐ 예 1 (1) 종류 (2) 가전제품 (전기를 사용한다.) (3)

용도 ⑷ 더위를 식히기 위한 것 ⑸ 사용하는 계절 ⑹ 여름   2 ⑴ 모양 ⑵ 주로 동그랗다. ⑶ 주로 네모로 길쭉하다. ⑷ 가격 ⑸ 싸다. ⑹ 비싸다. ⑺ 전기 소비량 ⑻ 적다. ⑼ 많다.

ⓑ 1 비교   2 대조   3 비교   4 대조   5 비교   6 대조

189

ⓐ 1 대조   2 비교   3 대조   4 비교   5 비교   6 대조   7 비교   8 대조   9 대조   10 비교

ⓑ 예 1 ⑴ 연필과 지우개는 모두 학용품입니다. ⑵ 연필은 글씨를 쓰는 데 쓰이고 지우개는 글씨를 지우는 데 쓰입니다.   2 ⑴ 유선 전화기와 무선 전화기는 모두 통신 수단입니다. ⑵ 유선 전화기는 코드가 달려 있지만 무선 전화기에는 없습니다.   3 ⑴ 식혜와 콜라는 단맛이 나는 음료입니다. ⑵ 식혜는 우리의 전통 음료이고 콜라는 외국에서 들여온 것입니다.   4 ⑴ 호박과 오이는 모두 채소입니다. ⑵ 호박은 굵고 오이는 가늡니다.

190

ⓐ 예 5 ⑴ 책상과 식탁은 가구입니다. ⑵ 책상은 공부를 할 때 쓰고, 식탁은 밥을 먹을 때 씁니다.   6 ⑴ 수영장과 해수욕장에서는 수영을 할 수 있습니다. ⑵ 수영장에서는 반드시 수영복을 입어야 하지만 해수욕장에서는 수영복을 입지 않아도 됩니다.   7 ⑴ 개와 고양이는 모두 집에서 기르는 동물입니다. ⑵ 개는 '멍멍' 짖고, 고양이는 '야옹야옹' 웁니다.   8 ⑴ 눈과 비는 하늘에서 내리는 것입니다. ⑵ 눈은 수증기가 고체로 얼어 내리는 것이고, 비는 액체로 내리는 것입니다.   9 ⑴ 텔레비전과 라디오는 모두 대중 매체입니다. ⑵ 텔레비전은 보고 들을 수 있지만 라디오는 볼 수 없습니다.   10 ⑴ 벌과 개미는 모두 곤충입니다. ⑵ 벌은 날아다니지만 개미는 기어 다닙니다.

ⓑ 1 같은 뜻   2 다른 뜻 / 생각, 마음, 뜻, 의견.

/ 병을 고쳐 주는 것을 직업으로 삼는 사람.   3 다른 뜻 / 자기를 낳은 여성. / 무엇이 생겨난 근본.   4 같은 뜻   5 같은 뜻   6 같은 뜻

191

ⓐ 1 냉장고   2 교통수단(탈것)   3 선생님   4 포유류(포유동물)   5 조류(새)   6 꿀벌(벌)   7 요리사   8 송아지   9 기차   10 야구장

ⓑ 예 1 경찰관, 의사, 가수, 선생님, 판사, 요리사   2 사자, 토끼, 원숭이, 사슴, 개   3 미끄럼틀, 시소, 그네, 정글짐, 철봉   4 컴퓨터, 텔레비전, 전자레인지, 오디오, 세탁기   5 펭귄, 타조   6 월, 화, 수, 목, 금, 토, 일   7 데이지, 백합, 장미, 카네이션   8 버스, 택시, 지하철, 오토바이, 비행기   9 까치, 까마귀, 참새, 비둘기   10 사과, 자두, 석류, 앵두

192

ⓐ 1 과일   2 교통수단(탈것)   3 꽃   4 음료수   5 운동   6 학용품   7 병원   8 채소(야채)   9 신발   10 동물

ⓑ 1 어느 일요일, 숲속에서

193

ⓐ 2 ①   3 ④   4 예 산에 오르면 운동도 되고, 맑은 공기를 마실 수 있잖아.   5 산꼭대기에 깃발을 꽂아 놓고 오는 것   6 ④

ⓑ 1 ②

194

ⓐ 2 다람쥐   3 돌을 던져서 떨어뜨린 후 잡으려고 했다.   4 예 네가 다람쥐라면 얼마나 무섭고 아프겠니? 동물을 아끼고 사랑해야지.   5 ④   6 ⑤

195

ⓐ 1 ②, ⑤　　2 ①　　3 ①　　4 다람쥐, 토끼, 나무, 바위 등의 숲속 친구들　　5 ④

196

ⓐ 1 인간들이 산에 와서 낙서를 했기 때문　　2 인간들에게 괴롭힘을 당해 인간들을 미워한다.　　3 낙서, 덫　　4 ④　　5 ④　　6 ②

197

ⓐ 1 못된 인간들을 혼내 달라고 함.　　2 내가 병에 ~ 돌봐 주기도 했어, 어떤 아이들은 ~ 걸어 주기도 하니까.　　3 ④　　4 신령님께 기도하기로 함.　　5 다람쥐에게 돌을 던지고, 바위에 낙서를 하고, 나뭇가지를 부러뜨리고 덫을 놓아 동물을 잡는 사람들　　6 호되게

198

ⓐ 1 ⑤　　2 ①　　3 요술 지팡이　　4 산양, 고라니, 토끼 사촌이 덫에 걸려 죽은 일　　5 지팡이야, 동물 친구들과 자연을 괴롭히는 나쁜 인간들에게 벌을 주어라. 호이!

199

ⓐ 1 ①　　2 ①　　심화 학습 3 예 잘못을 뉘우친 소년들과 소녀는 숲속 친구들을 찾아와 사과를 한다. 그 후 소년들과 소녀는 다람쥐 집도 만들어서 나무에 달아 주고, 병든 나무도 돌봐 주고, 바위의 낙서도 지워 주면서 숲속 친구들과 친하게 지낸다.

ⓑ 1 열 손가락 깨물어 안 아픈 손가락 없다　　2 꿩 대신 닭　　3 남의 손의 떡은 커 보인다

200

ⓐ 예 1 식구들의 흉을 보는 것은 결국 '누워서 침 뱉기'이다.　　2 학교와 집만 왔다 갔다 하는 것이 꼭 다람쥐 쳇바퀴 돌듯 지낸다.　　3 '돌다리도 두들겨 보고 건너라'고 했듯이 모든 일은 신중하게 결정하거라.　　4 '등잔 밑이 어둡다'더니 네가 같은 동네에 살고 있는 걸 아직 몰랐구나!　　5 말은 해야 맛이고 고기는 씹어야 맛이라고 할 말이 있으면 해 봐.　　6 '불난 집에 부채질한다'더니 너의 말은 나를 더 화나게 할 뿐이다.　　7 '바늘 가는 데 실 간다'고 우리는 항상 같이 다닌다.

ⓑ 예 8 '사공이 많으면 배가 산으로 간다'고 반 아이들이 서로 의견이 달라서 운동회 때 할 게임을 결국 정하지 못했다.　　9 입에 쓴 약이 병에는 좋듯이 진정한 충고는 귀에 거슬리기 마련이다.　　10 혜원이와 영민이는 서로 자기가 더 컴퓨터를 잘한다고 우기지만 내가 보기에는 '도토리 키재기'이다.　　11 '세 살 먹은 아이 말도 귀담아들으랬다'고, 남의 충고를 흘려듣지 말아라.　　12 '열 번 찍어 아니 넘어가는 나무 없다'고 너도 포기하지 말고 열심히 연습하면 자전거를 탈 수 있을 것이다.　　13 '배보다 배꼽이 더 크다'고 물건값보다 운반비가 더 많이 들었다.　　14 '미운 아이 떡 하나 더 준다'고 나는 짝이 미웠지만 오히려 더 잘해 주었다.

3주　201a~220b

201

ⓐ 1 ④

202

ⓐ 1 유나, 에티오피아 친구들　　2 ④　　3 ②, ③　　4 우리나라(대한민국)　　심화 학습 5 예 수재민 돕기 성금을 냈다.

203

ⓐ 1 ④　　2 ③　　3 손주　　4 호기심이 많아서

엉뚱한 생각을 잘한다.   5 해님을 보기 위해 눈을 감은 후 입을 벌려 보고 다물어 보는 실험

204

ⓐ 1 양이나 소 같은 가축은 알고 있지만, 그 이외의 것은 궁금해하지도 않고 알려고 노력하지도 않는다는 것   2 ②   3 ③   4 개미, 매미, 벌, 나비, 귀뚜라미, 메뚜기 등   5 댁

205

ⓐ 1 ③   2 예 (2) 마치 얇은 레이스 같다. (2) 마치 솜뭉치 같다.   3 ②   4 ④   5 『곤충기』

206

ⓐ 1 ④   2 ③   3 ③, ⑤   4 (1) 지난 일을 돌이켜 생각함. (2) 버릇. (3) 세상에 태어나서 이제까지.   5 베짱이

207

ⓐ 1 ④   2 ②   3 가난했지만 자식 교육을 위해 최선을 다했다.   4 ②, ④

208

ⓐ 1 ⑤   2 ⑤   3 예 소문난 잔치에 먹을 것 없다 – 소문은 많이 나서 굉장히 좋을 것 같았는데 막상 실제는 부풀려진 말일 뿐 실속이 없을 때 쓰임.   4 고역   5 ④

209

ⓐ 1 ④   2 너무 가난해서   3 로데스, 몽페리에   4 뿔뿔이 흩어질 운명   5 ④

210

ⓐ 1 ⑤   2 ③   3 ④   4 장학생   5 예 남들처럼 열심히 공부하지 않았다고 생각했는데 합격을 해서

211

ⓐ 1 ④   2 앙리는 열심히 공부했습니다. 그래서 학교를 우수한 성적으로 졸업하였습니다.   3 1845년 파브르는 코르시카 섬의 중학교 선생님으로 갔다.   4 ⑤   5 코르시카 섬

212

ⓐ 1 ③   2 ⑤   3 ①   4 예 파브르 아저씨께 / 안녕하세요? 저는 기탄초등학교 4학년 김민영이라고 해요. 아저씨께 제가 가난에서 벗어날 방법을 가르쳐 드리고 싶어요. 곤충 모양 장난감을 만들어서 팔면 어떨까요? 아저씨께서는 곤충에 대해 자세히 아시니까 곤충 모양 변신 로봇 같은 걸 팔면 성공할 수 있을 것 같아요. 아저씨 힘드시더라도 조금만 참으세요. 제가 응원해 드릴게요. 안녕히 계세요. / 20△△년 △월 △일 민영 올림

213

ⓐ 1 ⑤   2 ⑤   3 곤충에 관한 논문들과 『곤충기』를 쓴 일   4 ⑤   5 세상을 떠났습니다. / 죽었습니다.

ⓑ 6 (1) 시골 할아버지 댁에서 곤충들을 관찰하며 지냄. (2) 학교에 들어감. (3) 사범 학교에 수석으로 입학함. (4) 마리 선생님과 결혼함. (5) 코르시카 섬의 중학교 물리학 선생님이 되어 곤충 연구의 터전 마련 (6) 곤충에 관한 논문을 처음으로 발표하여 상을 받음. (7) 『곤충기』를 완성함. / 주네르 상을 받음. (8) 4월 3일이 파브르의 날로 지정 (9) 요도증으로 숨을 거둠.   심화 학습 7 예 파브르는 어려서부터 곤충을 관찰하는 것을 매우 좋아했다. 그러나 집이 가난해서 학교도 제대로 못 다니고 이 마을 저 마을 옮겨 다니다 끝내는 가족들이 모두 뿔뿔이 흩어져 힘들게 살아야 했다. 그런 환경에서도 파브르는 열심히 공부해서 사범 학교에 들어가 선생님이 되었다. 그리고 곤충을 열심히 관찰해 『곤충기』라는 책을 써 곤충 연구에 큰 도움을 주었다. 파브르의 전기를 읽고 좋은 환경 속에서

도 공부를 하지 않고 투정이나 부린 내가 너무 부끄러웠다. 앞으로는 나도 열심히 공부하여 파브르 같이 다른 사람들에게 도움이 되는 사람이 되어야겠다.

214

ⓐ 1 (1) 나비를 연구하여 나비에 관한 논문과 책을 썼다. (2) 곤충을 연구하여 『곤충기』라는 책을 남겼다. 2 둘 다 선생님이었고, 한 가지 목표를 두고 끈기 있게 연구하여 책을 펴냈다.

215

ⓐ 1 ⑤ 2 ⑤ 3 온실 효과 4 여름이 3주 정도 늘어난다. 5 탄소가 발생하지 않는다.

216

ⓐ 1 ②, ③ 2 ③ 3 빛, 열 4 바람이 많이 부는 산이나 해안선이 긴 바다가 있기 때문이다. 5 ①

217

ⓐ 1 ① 2 땅속의 온도는 사계절 내내 거의 변하지 않아서 겨울에는 땅 위보다 따뜻하고, 여름에는 땅 위보다 시원하기 때문이다. 3 수열 에너지 4 밀물, 깊이 5 이산화 탄소를 줄이는 효과

218

ⓐ 1 ①, ②, ⑤ 2 지구에서 가장 가벼운 기체로, 색, 맛, 냄새가 없고 산소와 결합한 물처럼 다른 것과 결합된 상태로 지구상에 대량으로 존재한다. 3 (1) - ③ (2) - ① (3) - ④ (4) - ② 4 신재생 에너지를 적극적으로 활용하자. [심화 학습] 5 [예] 소음을 에너지로 만드는 방법을 개발하고 싶다. 소음 때문에 힘들어하는 사람들에게 도움이 되기 때문이다.

ⓑ 1 찾기가 매우 힘들다. 2 부끄러워서 얼굴이 빨개졌다. 3 위태로웠다. 4 어떤 일을 매우 급하게 처리한다.

219

ⓐ 5 성격이 매우 급하다. 6 적은 것도 오랫동안 꾸준히 모으면 많아진다. 7 착하면서 무서운 성격 8 어질고, 지혜로운 현모양처 9 얼굴이 하얗고 착하며 예쁘고 마음씨도 착하다. 10 호기심이 많고 엉뚱한 면 11 말을 매우 빨리하고, 많이 한다는 뜻 12 아무리 얘기해도 듣지 않는 경우

220

ⓐ [예] 1 대장장이의 말이 더 옳다고 생각한다. 한 번 쓴 돈은 써 버리면 끝이지만 지혜를 쓰면 언제든지 돈을 벌 수 있기 때문이다. 2 대장장이와 장사꾼에게는 각각 아들이 있었습니다. 대장장이는 아들을 돈은 없지만 지혜롭게 키웠고, 장사꾼은 자신의 아들이 하고 싶다는 것은 모두 할 수 있도록 충분히 돈을 주었습니다. 아이들이 다 커서 어른이 되었습니다. 대장장이의 아들은 열심히 공부해서 자기 힘으로 큰 돈을 벌었습니다. 그러나 장사꾼의 아들은 아버지의 돈을 흥청망청 다 써 버리고도 아버지에게 돈을 더 달라고 졸라 대기 일쑤였습니다. 장사꾼은 그제서야 아들을 지혜롭게 키운 대장장이가 옳다는 걸 깨달았습니다. 돈으로 키운 자신의 아들보다 지혜로 키운 대장장이의 아들이 훨씬 훌륭한 사람이 되었기 때문입니다.

ⓑ 1 나는 학교에 갔다 오자마자 컴퓨터 앞에 앉아 오락을 한다. 그런데 동생이 자꾸 컴퓨터를 만져서 짜증이 난다. 그럴 때는 동생의 머리를 한 대 쥐어박아 준다. 그러면 동생은 쪼르르 달려가서 엄마한테 이르고 만다. 2 내 동생은 유치원에 다닌다. 착한 동생이라서 나는 가끔 장난감을 사 준다. 그러면 동생은 활짝 웃는다. 그 모습이 무척 예쁘다.

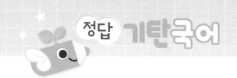

5 ⑤   6 나무줄기에서 뿌리에 가까운 부분.

ⓑ 1 남생이, 껄껄

233

ⓐ 2 ②, ⑤   3 낙엽 더미 속   4 ③   5 ③
6 인연

234

ⓐ 1 ⑤   2 예 벌떼같이   3 ③   4 ⑤   5
③

235

ⓐ 1 사촌, 배   2 ⑤   3 ②   4 호기심   5
④

236

ⓐ 1 말하는 남생이에서 말 못 하는 남생이가 됨.
2 사기꾼   3 ②   4 예 "세상에 말하는 남생
이가 어디 있어."   5 ③   6 형은 가족들도 잘
돌보지 않으며 욕심만 내는 나쁜 사람이라서 도와
주고 싶지 않았기 때문에

237

ⓐ 1 말을 잘 흉내 내던 남생이가 말을 하지 않아서
2 남생이를 내동댕이치는 바람에   3 ⑤   4
남생이를 내동댕이쳐서 죽게 하고, 동생에게 화풀
이를 한 것   5 예 남생이가 죽자 산신령이 나타
나 커다란 몽둥이로 형을 때려 주었습니다. 형은
그제서야 잘못을 깨닫고 동생에게 용서를 빌고 가
족들과 함께 행복하게 살았습니다.

238

ⓐ 1 ④   2 뒤꼍에 작은 무덤을 만들어 주었습니
다.   3 쑥쑥   4 금, 은, 보석이 열리는 보석
나무   5 동생 집으로 가서는 뒤꼍에 있는 보석

나무에서 가지를 하나 뚝 잘라 가져와서 자기 집
뜰에 심었음.   6 ③

239

ⓐ 1 폭포수(거센 물줄기), 돌멩이   2 ⑤   3 ①
4 ⑤   심화 학습 5 예 흥부놀부전

240

ⓑ 1 규칙   2 적당   3 효과   4 조사   5
효과   6 적당